Bdh

zlp. 10

ZENTRALE LEISTUNGSÜBERPRÜFUNG

Deutsch Klasse 10

Gymnasium

Nordrhein-Westfalen

Übungsaufgaben mit Lösungen

STARK

ISBN-13: 978-3-89449-861-0
ISBN-10: 3-89449-861-7

D-85318 Freising · Postfach 1852 · Tel. (0 81 61) 1790

Inhalt

Autorin:

Dr. Hildegard Steinkamp

Vorwort und Hinweise zur Bearbeitung dieses Buches

Liebe Schülerinnen und Schüler,
dieser Übungsband soll euch dabei helfen, euch auf die schriftliche **Zentrale Prüfung** im Fach **Deutsch** am Ende der **Klasse 10** vorzubereiten: entweder im Selbststudium zu Hause, allein bzw. in einem kleinen Arbeitskreis, oder auch im Rahmen eures Unterrichts.

Zunächst werden euch die **allgemeinen Regelungen** und die **inhaltlichen Voraussetzungen** der neu eingeführten schriftlichen Zentralen Prüfungen am Ende der 10. Klasse dargelegt, damit ihr euch auf die Prüfungssituation speziell im Fach Deutsch einstellen könnt. Darüber hinaus geben wir euch Hinweise und Tipps, wie ihr eure eigene **Arbeitsorganisation** während der Prüfung gestalten könnt. Die unterschiedlichen **Aufgabentypen**, die euch in den beiden **Prüfungsteilen** begegnen können, werden ebenfalls kurz vorgestellt und erläutert, sodass ihr auf die Prüfung gut vorbereitet seid.

Ihr findet in diesem Band zwölf prüfungsähnliche **Übungsaufgaben**, die auf die Rahmenthemen, Prüfungsteile und Aufgabentypen der Klasse 10 abgestimmt sind und jeweils vollständig ausgearbeitete **Lösungsvorschläge** enthalten. Konkrete **Bearbeitungshinweise**, die euch beim Entwurf und der Gestaltung eures eigenen Aufsatzes helfen sollen, sind durch Rauten gekennzeichnet und den **Musterlösungen** vorangestellt.

Verlag und Autorin wünschen euch eine erfolgreiche Vorbereitungszeit und gute Ergebnisse in der Prüfung!

Hinweise

1 Die schriftliche Zentrale Prüfung am Ende der Klasse 10 in NRW

Ab dem Schuljahr 2006/2007 wird der mittlere Schulabschluss in Nordrhein-Westfalen nach der Klasse 10 in einem neuen Abschlussverfahren vergeben. Im Mittelpunkt dieses Verfahrens stehen schriftliche Prüfungen mit zentral gestellten Aufgaben, die in den Fächern Deutsch, Mathematik und Englisch einen wesentlichen Bestandteil der Abschlussnote darstellen. Mit dem Versetzungszeugnis am Ende der Klasse 10 erhalten Schülerinnen und Schüler die Fachoberschulreife und die Zulassung in die Sekundarstufe II.

Alle Schülerinnen und Schüler der 10. Klasse an einem Gymnasium werden an den Zentralen Prüfungen teilnehmen. Sie erhalten landesweit die gleichen Prüfungsaufgaben zur Bearbeitung.

Die schriftlichen Zentralen Prüfungen finden in NRW für alle Klassen 10 im Fach Deutsch am **Freitag, 27. April 2007** statt. Alle Prüflinge bearbeiten also die zentralen Aufgaben am selben Tag. Dieser Termin wird jeweils zu Beginn des Schuljahres festgelegt. Erkrankte Schülerinnen und Schüler können die Prüfung selbstverständlich zu einem späteren Termin nachholen. Die Prüfungsaufgaben werden allerdings auch in diesem Fall zentral gestellt. Wenn ihr noch mehr zu den allgemeinen Regelungen zur Zentralen Prüfung wissen wollt, könnt ihr eure Lehrerin oder euren Lehrer fragen oder euch selbst über diese Internetadresse informieren: http://www.learn-line.nrw.de/angebote/pruefungen10

2 Inhaltliche Voraussetzungen im Fach Deutsch

Als Schülerinnen und Schüler der Klasse 10 interessiert es euch sicher, welche unterrichtlichen Voraussetzungen von euch für die schriftliche Zentrale Prüfung erwartet werden. Allgemein werden alle Aufgaben Aspekte aus fünf unterschiedlichen Wissensbereichen enthalten, die ihr im Unterricht kennengelernt und euch angeeignet habt:

- Sprachwissen
- Textwissen

- Sachwissen
- Gattungswissen
- Methodenwissen

Für euch als Prüflinge im Fach Deutsch an **Gymnasien** in **Nordrhein-Westfalen** sind zwei **Rahmenthemen** vorgesehen:

- Vorurteile – Stereotype – Feindbilder
- Der Lebensraum Stadt im 20. Jahrhundert

Diese Rahmenthemen werdet ihr im Laufe der Klasse 10 im Unterricht behandeln.

Die Zentrale Prüfung in Deutsch besteht aus zwei Teilen:

- **Teil 1**: Dies ist der kürzere Teil der Prüfung. Es geht um eure Grundkenntnisse im Fach Deutsch, die ihr im Laufe der Doppeljahrgangsstufe 9/10 erworben habt. Ihr erhaltet einzelne Fragen (ca. 25) zu einem Ausgangstext, z. B. zum Inhalt, zu grammatischen Formen und Textarten, zur Bedeutung von sprachlichen Bildern und anderen stilistischen Mitteln. Ihr beantwortet diese Fragen kurz, u. a. auch im Multiple-Choice-Verfahren.
- **Teil 2**: Dies ist der umfangreichere Teil der Prüfung. Auch hier werden von euch Kenntnisse und Fähigkeiten erwartet, die ihr euch in den Klassen 9/10 angeeignet habt, um euch umfassender mit einem weiteren Ausgangstext zu beschäftigen. Ihr erhaltet 2–4 Arbeitsaufträge, z. B. zur Untersuchung der sprachlichen Gestaltung oder des Aufbaus eines Textes, zur Ermittlung der Intention des Verfassers, zur Erläuterung und zur Beurteilung einzelner Textaussagen.
- Die Texte beider Prüfungsteile beziehen sich inhaltlich auf die beiden vorgegebenen Rahmenthemen.

- Für die schriftliche Bearbeitung der Texte in **Teil 2** sind in der Zentralen Prüfung zwei **Aufgabentypen** vorgesehen:
  - **Aufgabentyp 4 a**: einen Sachtext (z. B. Zeitungsartikel, wissenschaftliche Artikel) oder medialen Text (z. B. Online-Texte) analysieren, einen literarischen Text analysieren und interpretieren. Hier erwarten euch meist 1–2 umfassendere Arbeitsaufträge.
  - **Aufgabentyp 4 b**: durch Fragen bzw. Aufgaben geleitet aus kontinuierlichen oder diskontinuierlichen Texten (z. B. Texten mit eingebetteten Tabellen, Karten, Fotos oder Diagrammen) Informationen ermitteln und vergleichen, Textaussagen deuten und abschließend reflektieren und bewerten. Bei diesem Aufgabentyp bearbeitet ihr meist 3–4 stärker eingegrenzte Arbeitsaufträge.

Diese beiden Aufgabentypen habt ihr bereits in Klassenarbeiten der Klassen 9 und 10 kennengelernt und eingeübt.

Für die schriftliche **Zentrale Prüfung** im Fach **Deutsch** stehen euch insgesamt **170 Minuten** zur Verfügung. Davon sollen

- 30 Minuten für die Bearbeitung der Aufgaben in Teil 1 und
- 120 Minuten für die Textanalyse in Teil 2 entfallen.
- Für die Aufgaben in Teil 1 werden euch im Schuljahr 2006/2007 ausnahmsweise 10 Minuten zusätzliche Arbeitszeit gewährt, da die schriftlichen Zentralen Prüfungen in diesem Jahr eingeführt werden und für alle Beteiligten neu sind.
- Für die Aufgaben in Teil 2 stehen euch weitere 10 Minuten als Auswahlzeit zur Verfügung, damit ihr aus zwei Aufgabenstellungen eine Aufgabe zur Bearbeitung auswählen könnt.

3 Die Abschlussnote am Ende der Klasse 10

Ebenso wichtig wie die unterrichtlichen Voraussetzungen für die schriftliche Zentrale Prüfung ist die Notengebung. Wie wird sich die Abschlussnote am Ende dieser Jahrgangsstufe zusammensetzen? Zunächst errechnet eure Lehrerin oder euer Lehrer eure Vornote (das ist die Note, die auf euren Leistungen in dem jeweiligen Fach seit Beginn der Klasse 10 beruht). Je nach Übereinstimmung von **Vornote** und **Prüfungsnote** ergeben sich diese Regelungen:

- Stimmen Vornote und Prüfungsnote überein, wird eure Vornote als Abschlussnote auf euer Zeugnis eingetragen.
- Wenn eure Prüfungsnote von der Vornote um eine Note abweicht, legt eure Lehrerin oder euer Lehrer nach Absprache mit der Zweitkorrektorin oder dem Zweitkorrekor die Abschlussnote fest.
- Wenn eure Prüfungsnote von der Vornote um zwei Noten abweicht, könnt ihr euch freiwillig zur mündlichen Prüfung melden. Verzichtet ihr darauf, wird als Abschlussnote der Mittelwert aus der Vornote und der Prüfungsnote errechnet.
- Wenn eure Prüfungsnote von der Vornote um mehr als zwei Noten abweicht, ist eine mündliche Prüfung für euch verpflichtend. In diesem Fall errechnet sich die Abschlussnote aus folgenden Anteilen: 5 Anteile (für die Vornote), 3 Anteile (für die Note der schriftlichen Prüfung) und 2 Anteile (für die Note der mündlichen Prüfung). Wenn sich bei der Berechnung als Durchschnitt für die Abschlussnote eine Dezimalstelle ergibt, wird bis 5 (z. B. 2,5) die bessere Note (also Gut), über 5 (z. B. 2,6) die schlechtere Note (also Befriedigend) gegeben.

Die Abschlussnote wird in euer Zeugnis eingetragen.

4 Die mündliche Prüfung

Die mündliche Prüfung ist eine Einzelprüfung. Zur Vorbereitung nennt euch eure Lehrerin oder euer Lehrer vorher drei Unterrichtsvorhaben aus der Klasse 10. Am Tag der Prüfung macht ihr euch in der Vorbereitungszeit von 10 Minuten mit einer Aufgabe vertraut, die sich auf zwei der drei Unterrichtsthemen bezieht. Eines der Themen hat einen unmittelbaren Bezug zu den Rahmenthemen der schriftlichen Prüfung. Das anschließende Prüfungsgespräch dauert in der Regel 15 Minuten. Ihr tragt selbstständig eure Überlegungen zu der gestellten Aufgabe dem Fachprüfungsausschuss vor. Wenn ihr Schwierigkeiten bei der Lösung der Aufgabe habt, kann euch eure Lehrerin oder euer Lehrer Hilfen geben. Der Prüfungsausschuss beurteilt eure mündliche Leistung, v. a. auch den Grad der Selbstständigkeit. Ihm gehören neben eurer Lehrerin oder eurem Lehrer auch der Schulleiter oder die Schulleiterin (oder ein/e Vertreter/in) und noch eine weitere Lehrkraft an.

5 Hinweise zur Arbeitsorganisation in der schriftlichen Prüfung

Erster Aufgabenteil:
In der schriftlichen Zentralen Prüfung bekommt ihr zunächst die Unterlagen zu Teil 1 (Text und ca. 25 Fragen) vorgelegt. Ihr lest als erstes den Ausgangstext aufmerksam durch, damit ihr die anschließenden Fragen zu diesem Text schnell und sicher beantworten könnt. Vor allem bei den Fragen zum inhaltlichen Textverständnis, die im Multiple-Choice-Verfahren beantwortet werden sollen, wird es hilfreich sein, wenn ihr die Stellen im Ausgangstext markiert, die für die Antwort ‚trifft zu' in Frage kommen. So könnt ihr sicher sein, dass euer Textverständnis richtig ist.
Denkt auch daran, dass euch für diesen ersten Prüfungsteil nur **30 Minuten** zur Verfügung stehen, ausnahmsweise weitere 10 Minuten in der ersten Prüfung 2007.

Die einzelnen Fragen in Teil 1 sind alle so gehalten, dass ihr euch bei den Antworten kurz fassen könnt: In einigen Fällen kreuzt ihr vorgegebene Antworten als richtig oder falsch an, in anderen schreibt ihr selbst eine Kurzantwort auf leere Zeilen. Die Fragen beginnen mit einfachen fachlichen Sachverhalten und führen euch allmählich zu etwas umfassenderen Fragestellungen. Ihr könnt daher zügig arbeiten, solltet euch aber dennoch eure Zeit gut einteilen. Dazu gehört auch, dass ihr eine einzelne Frage oder eine Gruppe von Fragen, etwa zur Grammatik, überspringen könnt, wenn es euch leichter fällt, zunächst auf Fragen zum Stil oder zur Textform einzugehen. Vergesst aber nicht, eure ‚Lücken' auszufüllen, bevor ihr nach 30 (+10) Minuten diesen ersten Aufgabenteil abgebt. Nach der Abgabe könnt ihr eure Antworten nicht mehr ergänzen oder verändern.

Zweiter Aufgabenteil:
Sobald ihr den ersten Aufgabenteil abgegeben habt, könnt ihr mit der Arbeit an Teil 2 beginnen. In den ersten 10 Minuten entscheidet ihr euch für eine der beiden vorgegebenen Aufgabenstellungen. Dabei solltet ihr berücksichtigen, welches Thema und welche Aufgabenstellung euch mehr interessieren und euch für eine Bearbeitung am besten geeignet erscheinen. Eure Auswahlzeit solltet ihr gut nutzen und keine voreilige Entscheidung treffen. Lest euch den jeweiligen Text mit den entsprechenden Arbeitsaufträgen aufmerksam durch und wählt dann eine Aufgabe aus.

Im Anschluss an die Lektüre des Textes fangt ihr an, die einzelnen Arbeitsaufträge in der vorgegebenen Reihenfolge zu bearbeiten. Anders als in Teil 1 lässt sich bei einer Textbearbeitung, wie sie im zweiten Aufgabenteil von euch erwartet wird, die Reihenfolge der ca. 2–4 Arbeitsaufträge nicht umstellen: Alle Aufgaben bauen aufeinander auf. Wie geht ihr nun im Einzelnen vor? Hierzu schlagen wir euch einige Arbeitsschritte vor:

- Ihr solltet zunächst prüfen, ob ihr die **Aufgabenstellung** richtig verstanden habt. Was genau wird von euch in den einzelnen Aufgaben erwartet? Dazu unterstreicht ihr am besten im Wortlaut des Arbeitsauftrags die wichtigen Begriffe, die euch gezielte Anweisungen geben und möglicherweise auch Arbeitsschritte nennen.
- Mit dieser Vorarbeit wird es euch bei der **Textbearbeitung** leichter fallen, in der Textvorlage entsprechende Wörter zu unterstreichen oder Passagen zu markieren und Randnotizen anzufügen, die eure Erläuterungen, Deutungen oder Kommentare enthalten. Notiert euch wichtige Stichpunkte auf eurem Konzeptpapier.
- Skizziert als nächstes zu den einzelnen Aufgaben euren eigenen **Textentwurf**, euren **Schreibplan**, an dem ihr euch während der Ausfertigung orientieren könnt. Hierbei geht es nicht um eine sogenannte ‚Vorschrift', also ausformulierte Sätze, die ihr anschließend ‚ins Reine' schreibt. Dazu ist keine Zeit. Ein klares Schriftbild in eurem endgültigen Text ist sicher auch wichtig. Noch entscheidender ist es jedoch, dass ihr euren Textaufbau in Stichworten plant: Welche Einleitung eignet sich je nach Aufgabenstellung? In welcher Reihenfolge wollt ihr eure Untersuchungen geordnet niederschreiben? Und mit welchem Ergebnis könnt ihr euren Text abschließen?
- Nun könnt ihr mit Hilfe eurer Notizen und nach eurem Schreibplan **einen zusammenhängenden Text ausformulieren**. Denkt daran, Zitate aus dem Ausgangstext mit Zeilenangaben als Belege für eure Ausführungen aufzunehmen. Plant auch Absätze ein, wenn ihr zu neuen Themenaspekten übergeht. So verliert ihr nicht den Überblick und euer Leser (das ist bei diesen Prüfungsarbeiten euer Lehrer und sein Zweitkorrektor) kann euch gut folgen.

- Plant für den zweiten Aufgabenteil (120 Minuten) hinreichend viel Zeit für die **Textüberarbeitung** ein. 15 Minuten etwa geben euch die nötige Ruhe, euren Text noch einmal gründlich durchzulesen. Stellt euch für diese letzte Schreibphase etwa die folgenden Fragen:
  Habe ich an alle Punkte gedacht? Sind meine Ausführungen sachlich richtig? Werden die dargestellten Sachverhalte, Textdeutungen und Ergebnisse genügend erläutert? Sind meine Gedanken und Sätze gut verknüpft? Habe ich zusammenhängende Abschnitte geschrieben, nicht unverbundene Einzelsätze? Werden Themenwechsel deutlich durch Absätze markiert? Habe ich meine Meinung nicht nur kundgetan, sondern auch angemessen begründet? Ist meine Ausdrucksweise treffend und klar verständlich? Und schließlich: Habe ich meine Rechtschreibung und Zeichensetzung geprüft – z. B. mit dem Wörterbuch, das im Prüfungsraum ausliegt?

6 Aufbau des vorliegenden Bandes

In der Auswahl der Texte, der Themen und Aufgabenbeispiele berücksichtigt dieser Band die oben genannten Regelungen für die Zentralen Prüfungen. Mit den Übungsaufgaben wollen wir euch Arbeitsanregungen für eure selbstständige und unterrichtsbegleitende Vorbereitung auf die Zentrale Prüfung im Fach Deutsch geben.

Der Übungsband enthält insgesamt zwölf Aufgaben: zwei Aufgaben zu Teil 1 der Prüfung und zehn Aufgaben zu Teil 2 der Prüfung. Damit hoffen wir, euch abwechslungsreiches und auch genügend Übungsmaterial zu geben, damit ihr euch auf die unterschiedlichen Anforderungen in beiden Prüfungsteilen vorbereiten könnt.

Die jeweiligen **Grundlagentexte** in den Übungen werden euch aus dem Unterricht bekannt sein:

- Gedichte
- Kurzprosa
- Zeitungsberichte
- Sachtexte
- diskontinuierliche Texte
- Online-Texte

Diese unterschiedlichen **Textsorten** wurden für die Übungen ausgewählt, um euch Gelegenheit zu geben, mit den einzelnen Besonderheiten der Texte weiter vertraut zu werden und mögliche Arbeitsaufträge kennenzulernen und einzuüben.

In den beiden Übungen zu **Teil 1** könnt ihr in diesem Band Fragebögen ausfüllen. Entweder kreuzt ihr die richtige Antwort an, oder ihr formuliert selbst eine Kurzantwort. In einem ähnlichen Layout wird euch auch die Aufgabe in Teil 1 der schriftlichen Zentralen Prüfung vorgelegt. Ausgefüllte Lösungsbögen helfen euch dabei, eure Antworten selbst zu überprüfen und euren Kenntnisstand festzustellen.

Die 10 **Übungsaufgaben** zu **Teil 2** sind in diesem Band folgendermaßen aufgebaut:

- Am Beginn jeder Aufgabe steht ein **authentischer Ausgangstext.** Dies kann ein literarischer Text oder ein Sachtext sein.
- Es folgen **Quellenangaben** und **Anmerkungen** zum Text, d. h. Worterklärungen, Angaben zum Autor oder zur Autorin, in einzelnen Fällen weitere nützliche Erläuterungen für euer Textverständnis.
- Daran schließt sich ein **Aufgabenapparat** mit 2–4 Arbeitsaufträgen an. Die Bearbeitung dieser Arbeitsanweisungen führt euch schrittweise immer näher an den Text heran und untergliedert so eure Analyse.
- Anschließend geben euch **Hinweise und Tipps** – optisch hervorgehoben durch dieses Zeichen – zu jedem Arbeitsauftrag methodische **Hinweise zur Erschließung des Textes.** Anhand dieser Hinweise seht ihr, wie die unterschiedlichen Aufgabenstellungen bearbeitet werden können.
  - Ihr könnt hier nicht nur lernen, wie ihr bei der Untersuchung des jeweiligen Ausgangstextes vorgeht: etwa welche Lesestrategien (z. B. Textmarkierung, Textgliederung, Materialordnung) ihr anwendet oder welche sprachlichen und kompositorischen Mittel in einem Text (z. B. wertende Adjektive, Metaphern, Reime, Stilebenen, Baumuster von Nachrichtenartikeln oder Gedichten) sich besonders für die Analyse eignen.
  - Ihr bekommt vor allem auch Anregungen, wie ihr euren eigenen Text aufbauen könnt: etwa wie ihr eine knappe Inhaltsangabe, eine Analyse, einen Kommentar oder einen Vergleich schreibt; wie ihr grafische Formate (z. B. Tabelle, Cluster, Mindmap) für eine geordnete Darstellung von Textaussagen nutzt; und wie ihr eure Sachkenntnisse aus dem Unterricht zu den beiden Rahmenthemen sinnvoll in eure Texte einbauen könnt.
  - Es schließen sich **Lösungsvorschläge** an. Dies sind ausformulierte Bearbeitungen aller Arbeitsaufträge. Sie sollen euch verdeutlichen, wie die Arbeitsanweisungen umgesetzt werden können.
  - Die ausformulierten Lösungsvorschläge werden ergänzt durch eine **Kommentarspalte.** Hier findet ihr die methodischen Stichpunkte aus den Hinweisen und Tipps wieder und könnt euch an ihnen orientieren.

Für eure **Übung mit diesem Band** empfehlen wir zwei Vorgehensweisen:

- Auf einer **frühen** Übungsstufe, wenn ihr noch wenig vertraut seid mit der selbstständigen Textbearbeitung, ist es sinnvoll, dass ihr nicht nur den Text und die Arbeitsaufträge lest, sondern auch die Lösungshinweise, bevor ihr anfangt, die Texte entsprechend zu bearbeiten. Die Lösungshinweise helfen euch dabei, den jeweiligen Arbeitsauftrag auszuführen. Auf diese Weise könnt ihr mehr methodische Kenntnisse und mehr Sicherheit im Umgang mit Texten erwerben
- In einer **fortgeschrittenen** Übungsphase, wenn ihr bereits sicherer in der Bearbeitung von Texten und im Verfassen eurer eigenen Texte geworden seid, könnt ihr euch mehr Selbstständigkeit zutrauen. Dann bearbeitet ihr einen Text im Sinne der jeweiligen Aufgabenstellung, ohne dass ihr vorher die Lösungshinweise lest.

In beiden Fällen könnt ihr nach Abschluss eurer Textbearbeitung die Lösungen durchlesen. So seht ihr im Vergleich, was ihr bereits gut beherrscht bzw. was ihr noch weiter üben solltet.

Unsere **Lösungsvorschläge** sind als Vorschläge zu verstehen, an denen ihr euch orientieren könnt. Eure eigenen Lösungen können also durchaus davon abweichen, ohne dass ihr euch den Vorwurf machen müsstet, die Aufgabenstellung nicht beachtet oder die Anforderungen nicht erreicht zu haben. In den Lösungshinweisen haben wir daher oftmals mehrere Möglichkeiten angegeben, wie ihr einen Arbeitsauftrag umsetzen könnt, um euch methodische Alternativen zu zeigen. Wenn ihr zusammen mit anderen Schülerinnen und Schülern der Klasse 10 für die Zentrale Prüfung übt und mit diesem Übungsband arbeitet, könnt ihr euch über euren Lernstand austauschen und diskutieren, wie ihr bestimmte Anregungen aus den Lösungsvorschlägen auch abweichend von unseren Bearbeitungen umsetzen könnt.

Ihr wisst, dass bei der **Bewertung** eurer schriftlichen Arbeit in der Zentralen Prüfung sowohl inhaltliche Leistungen als auch Darstellungsleistungen (Textgestaltung, Ausdrucksvermögen, Grammatik, Rechtschreibung, Zeichensetzung, Zitierregeln) in die Benotung einfließen. Es lohnt sich also, gründlich und sorgfältig zu arbeiten! Dieser Übungsband will euch dabei helfen.

Viel Erfolg!

NRW – Zentrale Prüfungen am Ende von Klasse 10 an Gymnasien – Deutsch
Übungsaufgabe 1

Arbeitsauftrag

Lies den Text aufmerksam durch und bearbeite dann die Aufgaben.

PHOENIX – der Zukunft einen Standort geben

Vom Stahlstandort zu einem der größten innovativen Lebensräume Deutschlands

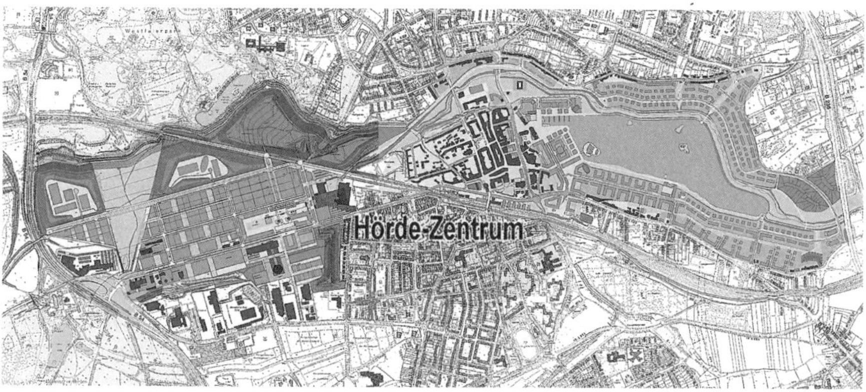

Aufsicht Zukunftsstandort PHOENIX

[1] Nur drei Kilometer von der Dortmunder City entfernt werden auf PHOENIX auf über 200 Hektar Räume für moderne Lebens- und Arbeitsformen geschaffen. Eine Fläche, so groß wie 300 Fußballfelder, mit hervorragender Anbindung an Autobahnen und den Dortmunder Flughafen.

[2] Östlich und westlich des Stadtteils Hörde entstehen auf dem ehemaligen Hochofen- und Stahlwerksgelände PHOENIX rund 15 000 neue Arbeitsplätze in den Schlüsselbranchen der Zukunft – und zugleich ein attraktives Wohnviertel mit hohem Freizeitwert. Ein neu angelegter Stausee wird PHOENIX zu einem ganz besonderen Anziehungspunkt im Neuen Dortmund machen. […]

[3] Die Ziele der integrierten Standortentwicklung werden beispielhaft auf dem mehr als 200 Hektar großen PHOENIX-Gelände südlich der Innenstadt verwirklicht. Bis 2001 wurde hier im letzten Stahlwerk Dortmunds Stahl gekocht – schon heute gilt die Revitalisierung des Geländes als zukunftweisend.

[4] Das Land Nordrhein-Westfalen und die Projekt Ruhr GmbH zeichneten das Gesamtkonzept PHOENIX zu einem Zukunftsstandort des Landes NRW aus. Die Europäische Union fördert das Großprojekt aus dem Strukturfonds.

[5] Das ganzheitliche Konzept integriert alle Aspekte des modernen Lebens sowie die Anforderungen an einen zukunftsträchtigen Wirtschaftsstandort:

[6] Das PHOENIX-Gelände ist Teil des Strukturwandels der Stadt. Das Areal entwickelt sich zu einem der größten Investitions- und Zukunftsstandorte in Nordrhein-Westfalen. Hier finden junge Unternehmen aus den Zukunftsbranchen und der Mittelstand Nutzungsflächen, die das Angebot der bestehenden Standorte sinnvoll ergänzen.

[7] Eine neue Wohnqualität bieten attraktive Wohnanlagen, die über eine gut ausgebaute Infrastruktur verfügen – von den Geschäften vor Ort über Kindergärten und Schulen bis hin zu Kultur- und Freizeiteinrichtungen.

[8] Die Stadt erobert sich durch die Grün- und Gewässerlandschaft Natur- und Erholungsräume zurück. Durch die Anbindung an den Westfalen- und den Rombergpark sowie das Emscherband entsteht eine Freizeitlandschaft mit überregionaler Ausstrahlung. Der Stadtteil Hörde, traditionell stark mit PHOENIX verbunden, rückt wieder näher an das Gelände heran und erhält durch dessen Entwicklung neue Impulse für die eigene Zukunft. [...]

Dortmund bricht auf zu neuen Ufern

[9] Dortmunds Aufbruch zu neuen Ufern wird auf PHOENIX erlebbar: Der PHOENIX See ist Mittelpunkt der insgesamt 96 Hektar großen östlichen Fläche des PHOENIX-Geländes. Mit einer Wasserfläche von 24 Hektar ist er größer als die Hamburger Binnenalster. 2005 wird mit den Aushubarbeiten für den See be-

gonnen, 2007 wird er geflutet. Eine Attraktion für die Stadt, ein Plus an Lebensqualität. Denn mit seiner hohen ökologischen und ästhetischen Gestaltungsqualität leistet der PHOENIX See einen herausragenden Beitrag für ein lebenswertes Dortmund, für das neue Dortmund.

[10] Die Phoenix See Entwicklungsgesellschaft, eine Tochtergesellschaft der Dortmunder Stadtwerke, entwickelt in Zusammenarbeit mit der EG und der Stadt Dortmund den PHOENIX See, der Ausgangspunkt für eine multifunktionale städtebauliche Entwicklung ist. Die urbanen Quartiere am See integrieren die Funktionen Wohnen, Arbeiten und Freizeit.

[11] In den ruhigen Wohngebieten auf der nördlichen Seeseite wie im quirligen Hafenbereich werden sich Familien, Singles oder Senioren wohl fühlen. Auf ca. 24 ha Wohnbaufläche gibt es für jeden Lebensstil und für jede Lebensphase das passende Angebot. Im Hafenbereich ergänzen Büroimmobilien die attraktive Wohnbebauung. Sie eignen sich ideal für Dienstleister wie z. B. Steuer- und Finanzberater, Werbe- und Medienagenturen. Oder für Bildungsinstitute, Verbände und Verwaltungen.

[12] PHOENIX See ist Freizeitparadies und Naherholungsgebiet in einem: Der Hafen mit Piazza, Gastronomie und Kultur ist lebendiger Treffpunkt. Die 3 km lange Uferpromenade verspricht aktive Erholung für Spaziergänger, Skater und Fahrradfahrer. Die ruhigeren Naturräume der nord-östlichen Seehälfte bieten darüber hinaus Rückzugsmöglichkeiten für Flora und Fauna. Einen herausragenden Beitrag leistet der See darüber hinaus für den Hochwasserschutz der Emscher.

[13] An den Ufern des Sees werden bis zu 1 300 Wohneinheiten nebst verschiedenen Freizeiteinrichtungen gebaut und Platz für 5 000 Arbeitsplätze geschaffen. Zusammen mit dem Technologiepark auf PHOENIX West bildet PHOENIX See einen der größten innovativen Lebensstandorte Deutschlands.

In: http://www.phoenixdortmund.de (Ausdruck 12. 6. 2006)
Nachträgliche Nummerierung der Abschnitte (für Aufgabe 9 und 10) (597 Wörter)

Anmerkungen

13 *Revitalisierung* Wiederbelebung **16** *Strukturfonds* finanzielle Mittel zur Förderung strukturschwacher, d.h. industriell nicht entwickelter Regionen **17** *Konzept* Entwurf, erste Fassung eines Plans **44** *urban* städtisch

Aufgaben 1–28

Welche der folgenden Aussagen zum Inhalt des Textes sind richtig?

Kreuze die richtigen Antworten an. Es gibt mehr als eine zutreffende Antwort.

		trifft zu	trifft nicht zu
1	PHOENIX entsteht auf dem ehemaligen Gelände eines Stahlwerks in Dortmund.	☐	☐
2	PHOENIX See ist ein reines Naturschutz- und Naherholungsgebiet.	☐	☐
3	PHOENIX See ist der Name für einen neuen Stadtteil in Dortmund.	☐	☐
4	PHOENIX wird Standort für moderne Technologien sein.	☐	☐
5	Das PHOENIX-Gelände ist ein zukunftsträchtiger Wirtschaftsstandort und innovatives Wohngebiet.	☐	☐
6	PHOENIX West ist ein Freizeit- und Vergnügungspark.	☐	☐

Untersuche den Satzbau.

Titel und Untertitel unterscheiden sich vom Fließtext im Satzbau:

a PHOENIX – der Zukunft einen Standort geben
b Vom Stahlstandort zu einem der größten innovativen Lebensräume Deutschlands
c Das PHOENIX-Gelände ist Teil des Strukturwandels der Stadt

7 Bestimme den Satzbau in den drei Beispielen.
Wähle zwischen diesen drei Satzmodellen:
- vollständiger Satz
- Präpositionalgruppe
- Infinitivgruppe

a ____________________

b ____________________

c ____________________

8 Warum werden im Titel bzw. Untertitel andere Satzbaumodelle als im Fließtext gewählt? Gib Gründe an:

Titel und Untertitel ____________________

____

Lagekarte und Foto (Computersimulation)

sind mehr als eine Bebilderung dieses Textes.

9 Beschreibe diese beiden grafischen Elemente:

a Die Lagekarte zeigt ______________________________

____

____

____

____

b Auf dem Foto sieht man ______________________________

____

____

____

10 Passen Lagekarte und Foto zum Text? Beziehe die beiden Grafiken auf entsprechende Aussagen in einzelnen Abschnitten:

a Die Lagekarte verdeutlicht ______________________________

____

______________________________ (vgl. Abschnitt[e] __________)

____

b Das Foto veranschaulicht ______________________________

____

______________________________ (vgl. Abschnitt[e] __________)

____

Untersuche die Verbformen in den folgenden Sätzen:

- Nur drei Kilometer von der Dortmunder City entfernt **werden** auf PHOENIX auf über 200 Hektar Räume für moderne Lebens- und Arbeitsformen **geschaffen** (Z. 1 f.).
- An den Ufern des Sees **werden** bis zu 1 300 Wohneinheiten nebst verschiedenen Freizeiteinrichtungen **gebaut** (Z. 60 f.).

11 Welche Aktionsform (Aktiv/Passiv) und welche Zeitform (Tempus) wird in diesen Sätzen gewählt? Kreuze die richtige Antwort an:

a Präsens (Gegenwart) Aktiv ☐

b Präsens (Gegenwart) Passiv ☐

c Futur (Zukunft) Aktiv ☐

d Präteritum (Vergangenheit) Passiv ☐

12 Warum wird diese Aussageweise gewählt? Kreuze die richtige Antwort an:

a Das Geschehen kann man zu diesem Zeitpunkt beobachten. ☐

b Die Handlung spielt sich in der nahen Zukunft ab. ☐

c Die Handlung spielt sich in der Gegenwart ab und von einem Handlungsträger oder -verursacher ist nicht die Rede. ☐

d Die Handlung liegt in der Vergangenheit. ☐

13 Wie unterscheidet sich die folgende Form von den Verbformen in 11:

- Ein neu angelegter Stausee **wird** PHOENIX zu einem ganz besonderen Anziehungspunkt im Neuen Dortmund **machen** (Z. 8 f.).
- In den ruhigen Wohngebieten auf der nördlichen Seeseite wie im quirligen Hafenbereich **werden sich** Familien, Singles oder Senioren **wohl fühlen** (Z. 46 f.).

Kreuze die richtige Antwort an:

a Die Handlung spielt sich in der Zukunft ab. ☐

b Die Handlung spielt sich in der Gegenwart ab und vom Handlungsträger oder -verursacher ist nicht die Rede. ☐

c Es wird eine Vermutung über die Gegenwart ausgedrückt. ☐

14 Das Städtebau-Projekt der Stadt Dortmund wurde 2004 ins Netz gestellt. Welche Verbformen werden in den folgenden Beispielen mit den Jahreszahlen verwendet?

- 2005 **wird** mit den Aushubarbeiten für den See **begonnen** …,

- … 2007 **wird** er **geflutet** (Z. 36 f.).

Kreuze die richtige Antwort an:

a Präsens Aktiv ☐

b Präsens Passiv ☐

c Futur Aktiv ☐

d Futur Passiv ☐

15 Warum wird diese Verbform gewählt? Gib eine kurze Begründung:

Die Verbform ______________ wird gewählt, weil __________________

____

Untersuche den Stil des Verfassers.

Bei den folgenden Beispielen in Fettdruck handelt es sich um Attribute: Ergänzungen zum vorausgehenden oder nachfolgenden Substantiv:

a **attraktive** Wohnanlagen (Z. 24)

b Eine Fläche … **mit hervorragender Anbindung** an Autobahnen und den Dortmunder Flughafen (Z. 3 ff.)
Räume **für moderne Lebens- und Arbeitsformen** (Z. 2)

c Nutzungsflächen, **die das Angebot der bestehenden Standorte sinnvoll ergänzen** (Z. 22 f.).

d Die Ziele **der integrierten Standortentwicklung** (Z. 10)

16 Bestimme die Art der Attribute. Wähle aus diesen Möglichkeiten aus:

- Genitiv-Attribut
- Relativsatz-Attribut
- Adverbial-Attribut
- Adjektiv-Attribut
- Präpositional-Attribut
- Infinitiv-Attribut

a ______________________-Attribut

b ______________________-Attribut

c ______________________-Attribut

d ______________________-Attribut

17 Wie wirken sich die zitierten Attribute in ihren jeweiligen Satzzusammenhängen auf den Stil des Verfassers aus? Formuliere selbst eine Antwort:

Der Verfasser will offenbar ______________________________

____

____

____

____

18 Welche andere Wirkung haben die folgenden Attribute mit Größen- bzw. Positionsangaben auf die Aussage des Textes?

- Eine Fläche, **so groß wie 300 Fußballfelder**, … (Z. 3)
- … auf dem **mehr als 200 Hektar großen** <u>PHOENIX-Gelände</u> **südlich der Innenstadt** (Z. 10 f.)
- Die **3 km lange** <u>Uferpromenade</u> … (Z. 54 f.)
- Der PHOENIX See ist Mittelpunkt der **insgesamt 96 Hektar großen östlichen** <u>Fläche</u> des PHOENIX-Geländes (Z. 33 ff.).

Formuliere selbst eine Antwort:
Mit Attributen zur Größe und Lage des PHOENIX-Projekts will der Verfasser ______________________________

____

____

Untersuche die Bildsprache (Metaphorik) des Textes.

Im vorliegenden Text werden Metaphern verwendet:

a Dortmund **bricht auf zu neuen Ufern** (Z. 33).
b PHOENIX See ist **Freizeitparadies** und Naherholungsgebiet in einem (Z. 55).

19 Welche Bedeutung haben diese Metaphern im jeweiligen Satzzusammenhang? Umschreibe die zitierten Metaphern mit neutraler Sprache:

a Dortmund ______________________________

____

____

____

b PHOENIX See ______________________________

____

____

____

20 Der Name PHOENIX führt zurück zu den Urmythen der Völker. Er gilt seit alters her als Symbol. In der Vorstellung der Römer zum Beispiel hatte PHOENIX die Gestalt eines Adlers, der alle 400 Jahre erscheint, sich selbst verbrennt und aus der eigenen Asche wieder aufersteht.

Erkläre die symbolische Bedeutung des Namens PHOENIX für das Dortmunder Projekt:
Der Name PHOENIX ______________________________

____

____

____

____

Schätze die Wirkung des Textes auf den Leser ein.

Kreuze die richtigen Antworten an. Es gibt mehr als eine zutreffende Antwort:

Der vorliegende Text …	trifft zu	trifft nicht zu
21 … erzählt eine spannende Stadtgeschichte.	☐	☐
22 … gibt überwiegend persönliche Meinungen wieder.	☐	☐
23 … liest sich wie ein Werbetext.	☐	☐
24 … ist überwiegend sachlich und informativ.	☐	☐

Welche der folgenden Aussagen treffen sinngemäß auf den Text zu?

Kreuze die richtigen Antworten an. Es gibt mehr als eine zutreffende Antwort:

		trifft zu	trifft nicht zu
25	Die zentrale Lage des PHOENIX-Projekts garantiert einen modernen Wohnort der kurzen Wege und vorbildlichen Umweltstandards.	☐	☐
26	Durch die Bebauung des ehemaligen Industriegeländes entsteht ein weiteres Ballungszentrum in Dortmund.	☐	☐
27	Nach dem Abbau der Stahlindustrie haben sich in Dortmund neuere Technologien angesiedelt.	☐	☐
28	Der PHOENIX See bietet den Bewohnern von Hörde und anderen Dortmunder Stadtteilen attraktive neue Freizeitaktivitäten.	☐	☐

Lösungsvorschlag

Welche der folgenden Aussagen zum Inhalt des Textes sind richtig?

Kreuze die richtigen Antworten an. Es gibt mehr als eine zutreffende Antwort.

		trifft zu	trifft nicht zu
1	PHOENIX entsteht auf dem ehemaligen Gelände eines Stahlwerks in Dortmund.	☒	☐
2	PHOENIX See ist ein reines Naturschutz- und Naherholungsgebiet.	☐	☒
3	PHOENIX See ist der Name für einen neuen Stadtteil in Dortmund.	☐	☒
4	PHOENIX wird Standort für moderne Technologien sein.	☒	☐
5	Das PHOENIX-Gelände ist ein zukunftsträchtiger Wirtschaftsstandort und innovatives Wohngebiet.	☒	☐
6	PHOENIX West ist ein Freizeit- und Vergnügungspark.	☐	☒

Untersuche den Satzbau.

7 **a** Infinitivgruppe
b Präpositionalgruppe
c vollständiger Satz

8 **Titel und Untertitel** müssen aus Platzgründen kurz gehalten werden. Sie dienen als Blicklenkung und der schnellen Orientierung des Lesers.

Lagekarte und Foto (Computersimulation)

9 **a** **Die Lagekarte zeigt** eine „Aufsicht“ des „Zukunftsstandort[s] PHOENIX“: Westlich des alten Stadtteils Hörde-Zentrum liegt das neue Technologiezentrum PHOENIX West und östlich davon das neue Wohngebiet PHOENIX See.

b **Auf dem Foto sieht man** eine Ansicht der geplanten Gestaltung des östlichen PHOENIX-Geländes: Auf dem Stausee mit drei kleinen begrünten Inseln kreisen Segelboote. Der See wird umrahmt von einer Uferpromenade mit einem Grüngürtel. Um den See liegen in mehreren weiträumigen Reihen Wohnhäuser in Niedrigbauweise auf Grundstücken mit Rasenflächen und Bäumen.

10 a Die Lagekarte verdeutlicht die Nähe des neuen PHOENIX-Geländes zum älteren Stadtteil Hörde. Dies bedeutet zum einen eine Einbettung des neuen Wirtschafts- und Wohngebiets in die vorhandenen Stadtgebiete (Abschnitt 1, 3) und zum anderen auch neue Entwicklungsmöglichkeiten für Hörde selbst (Abschnitt 8).

b Das Foto veranschaulicht den mehrfachen Gewinn des PHOENIX Sees für die Städter: als Wohngebiet (Abschnitt 7, 11), als Freizeitlandschaft und Naherholungsgebiet (Abschnitt 8, 12).

Untersuche die Verbformen in den folgenden Sätzen:

11 Kreuze die richtige Antwort an:

- **a** Präsens (Gegenwart) Aktiv ☐
- **b** Präsens (Gegenwart) Passiv ☒
- **c** Futur (Zukunft) Aktiv ☐
- **d** Präteritum (Vergangenheit) Passiv ☐

12 Kreuze die richtige Antwort an:

- **a** Das Geschehen kann man zu diesem Zeitpunkt beobachten. ☐
- **b** Die Handlung spielt sich in der nahen Zukunft ab. ☐
- **c** Die Handlung spielt sich in der Gegenwart ab und von einem Handlungsträger oder -verursacher ist nicht die Rede. ☒
- **d** Die Handlung liegt in der Vergangenheit. ☐

13 Kreuze die richtige Antwort an:

- **a** Die Handlung spielt sich in der Zukunft ab. ☒
- **b** Die Handlung spielt sich in der Gegenwart ab und vom Handlungsträger oder -verursacher ist nicht die Rede. ☐
- **c** Es wird eine Vermutung über die Gegenwart ausgedrückt. ☐

14 Kreuze die richtige Antwort an:

- **a** Präsens Aktiv ☐
- **b** Präsens Passiv ☒
- **c** Futur Aktiv ☐
- **d** Futur Passiv ☐

15 **Die Verbform** des Präsens Passiv **wird gewählt**, **weil** mit den Jahreszahlen bereits auf die Zukunft verwiesen wird und dadurch der Zeitbezug eindeutig geklärt ist.

Untersuche den Stil des Verfassers.

16 **a** Adjektiv-Attribut
b Präpositional-Attribut
c Relativsatz-Attribut
d Genitiv-Attribut

17 **Der Verfasser will offenbar** mit seinen Attributen die genannten Einzelheiten des städtebaulichen Projekts in ihren besonderen Qualitäten darstellen. In allen Fällen stellt er ein Höchstmaß an Attraktivität und sinnvoller Gestaltung fest. Sätze mit diesen Attributen lesen sich wie ein Werbetext.

18 **Mit Attributen zur Größe und Lage des PHOENIX-Projekts will der Verfasser** genaue überprüfbare Angaben machen. Anders als in seinen werbenden Textpassagen gibt er hier sachliche Informationen.

Untersuche die Bildsprache (Metaphorik) des Textes.

19 **a** **Dortmund** hat ein Projekt entworfen, das neue Möglichkeiten in der Städtebauentwicklung zeigt, die bisher noch nicht erprobt wurden. (Dies ist die übertragene Bedeutung. Wörtlich verstanden, dehnt die Stadt ihren Wohnbereich an den Ufern des künstlichen PHOENIX Sees aus.)
b **PHOENIX See** ist ein Gebiet mitten in einer Großstadt, in dem man seinen Freizeitaktivitäten in bisher nicht gekannter Weise nachgehen kann: Boot fahren, spazieren gehen, joggen, skaten, Rad fahren etc. mitten in der Natur.

20 **Der Name PHOENIX** erinnert beim Dortmunder Städtebauprojekt daran, dass auf dem Gelände eines ehemaligen Hochofen- und Stahlwerks, das stillgelegt und abgerissen wurde, eine neue und verbesserte Lebens-, Wohn- und Arbeitsqualität entsteht.

Schätze die Wirkung des Textes auf den Leser ein.

Kreuze die richtigen Antworten an:

Der vorliegende Text …		trifft zu	trifft nicht zu
21	… erzählt eine spannende Stadtgeschichte.	☐	☒
22	… gibt überwiegend persönliche Meinungen wieder.	☐	☒
23	… liest sich wie ein Werbetext.	☒	☐
24	… ist überwiegend sachlich und informativ.	☒	☐

Welche der folgenden Aussagen treffen sinngemäß auf den Text zu?

Kreuze die richtigen Antworten an:

		trifft zu	trifft nicht zu
25	Die zentrale Lage des PHOENIX-Projekts garantiert einen modernen Wohnort der kurzen Wege und vorbildlichen Umweltstandards.	☒	☐
26	Durch die Bebauung des ehemaligen Industriegeländes entsteht ein weiteres Ballungszentrum in Dortmund.	☐	☒
27	Nach dem Abbau der Stahlindustrie haben sich in Dortmund neuere Technologien angesiedelt.	☒	☐
28	Der PHOENIX See bietet den Bewohnern von Hörde und anderen Dortmunder Stadtteilen attraktive neue Freizeitaktivitäten.	☒	☐

Arbeitsauftrag

Lies den Text aufmerksam durch und bearbeite dann die Aufgaben.

Nach Überfall auf Sayan: Keine Spur von Tätern

Nach dem offenbar fremdenfeindlichen Attentat auf den Berliner Linkspartei-Politiker hat die Polizei 3 000 Euro Belohnung für Hinweise aus der Bevölkerung ausgesetzt.

[1] *Berlin* – Nach dem Überfall auf den türkischstämmigen Berliner Linkspartei-Politiker Giyasettin Sayan gibt es von den vermutlich fremdenfeindlichen Tätern noch keine Spur. Es hätten sich zwar Leute bei der Polizei gemeldet, unmittelbare Tathinweise seien aber noch nicht dabei, sagte ein Sprecher der Behörde. Die Ermittler gehen von einem extremistischen Hintergrund der Tat aus.

[2] Bei den Tätern handelt es sich laut Polizei um zwei Männer im Alter zwischen 20 und 25 Jahren. Sie ergriffen nach dem Überfall die Flucht. Bei der Fahndung nach ihnen wurde die Bevölkerung zur Mithilfe aufgerufen – es werden weiter Zeugen gesucht. Polizeipräsident Dieter Glietsch setzte für Hinweise, die zur Ergreifung der Täter führen, eine Belohnung von bis zu 3 000 Euro aus. Der Staatsschutz hat den Fall übernommen.

[3] Sayan war am Freitagabend in Berlin-Lichtenberg von zwei Unbekannten als Ausländer beschimpft und mit einer Flasche niedergeschlagen worden. Zwei Angreifer seien in seinem Wahlkreis auf ihn zugekommen und hätten ihn unvermittelt angegriffen, sagte Sayan dem Sender rbb. „Plötzlich schlug einer mit einer Flasche auf meinen Kopf und mein Gesicht. Ich wollte weglaufen, da hat er von hinten auf meine Schulter und meinen Rücken geschlagen.“ Die Angreifer hätten „Scheiß Türke, wir kriegen Dich“ gerufen. Der 56jährige liegt mit einer Gehirnerschütterung und Prellungen im Krankenhaus. Lichtenberg gilt als eine Hochburg der Neonazi-Szene.

[4] **Entsetzen quer durch alle Parteien**

Politiker aller Parteien reagierten mit Entsetzen auf die Tat. Vizekanzler Franz Müntefering (SPD) rief zu einem entschiedenen Kampf gegen Rechtsextremismus und Fremdenfeindlichkeit auf. „Wir dürfen der braunen Soße nie mehr eine Chance geben, das müssen sich die demokratischen Parteien versprechen“, sagte er. Berlins Regierender Bürgermeister Klaus Wowereit (SPD) verurteilte „diese übelste Form der Gewalt aufs Schärfste“. Demokratie müsse jeden Tag neu erkämpft werden.

[5] Polizeipräsident Glietsch betonte, trotz des Übergriffes sei es nicht gerechtfertigt, einzelne Stadtteile als „No-Go-Areas“ für Ausländer zu bezeichnen. Sonst würde man Neonazis in die Hände spielen, die eben dieses Ziel verfolgten, sagte er. Linkspartei-Fraktionschef Stefan Liebich wertete den Überfall dagegen als nachträglichen Beweis für die These des Ex-Regierungssprechers Uwe-Karsten Heye, daß es für Ausländer lebensgefährliche Gegenden in Deutschland gebe.

[6] Auch Bundestagsvizepräsidentin Petra Pau (Linkspartei) wertete die Tat als Beleg für die Berechtigung der Warnungen von Heye. „Der feige Überfall beweist einmal mehr, wie unsinnig der Medienstreit über die Heye-Äußerungen ist“, erklärte Pau, die Sayan im Krankenhaus besuchte. Sie verwies darauf, daß Sayan vor einigen Jahren bewußt in den Berliner Osten gezogen sei, um damit ein Zeichen zu setzen.

[7] „Es ist wirklich erschütternd und empörend, daß Giyasettin Sayan mitten in der Bundeshauptsstadt Opfer eines brutalen, rassistischen Anschlags geworden ist“, erklärte auch die Grünen-Bundesvorsitzende Claudia Roth. „Nicht die Äußerungen zum Problem Rechtsextremismus sind es, die dem Image Deutschlands vor der WM schaden, sondern die nackten Fakten. Dieser Fall zeigt, es sind keine Einzelfälle, sondern wir haben ein flächendeckendes, gravierendes rechtsextremistisches Gewaltproblem in unserem Land“, spielte auch Roth auf den Streit um die Heye-Äußerungen an. Es sei nicht hinnehmbar, das Bürgerinnen und Bürger in bestimmten Regionen und Stadtteilen eine berechtigte Angst um Leib und Leben haben müßten. Auch die CDU-Fraktion im Berliner Abgeordnetenhaus verurteilte die Tat.

[8] Sayan lebt seit mehr als 30 Jahren in Deutschland und engagiert sich besonders in der Ausländerpolitik. Er ist migrationspolitischer Sprecher der Linkspartei PDS im Berliner Abgeordnetenhaus und Mitglied des Parlamentspräsidiums. 2002 hatte er auch für den Bundestag kandidiert. Sayan wurde 1950 im osttürkischen Mus geboren und kam Anfang der 70er Jahre zum Studium nach Deutschland. Politisch engagierte er sich zunächst für die Grünen beziehungsweise die Alternative Liste, dann für die PDS.

In: WELT am SONNTAG, 21. Mai 2006 (581 Wörter)

Die Welt folgte der alten Rechtschreibung bis zum 1.8.2006, als die neue Rechtschreibung endgültig in Kraft trat.

[ ]: Nachträgliche Nummerierung der Abschnitte (für Aufgabe 7, 8 und 26)

Aufgaben 1–27

Welche der folgenden Aussagen zum Inhalt des Zeitungstextes sind richtig?

Kreuze die richtigen Antworten an:

		trifft zu	trifft nicht zu
1	Es wird vermutet, dass der Überfall auf den Berliner Politiker einen fremdenfeindlichen Hintergrund hat.	☐	☐
2	Der Linkspartei-Politiker Giyasettin Sayan ist das Opfer einer gewalttätigen politischen Auseinandersetzung geworden.	☐	☐
3	Der Anschlag in Berlin soll kein Einzelfall in Deutschland sein.	☐	☐
4	Politiker behaupten, dass es einen Zusammenhang zwischen Fremdenfeindlichkeit und Rechtsextremismus gebe.	☐	☐
5	Der Wahlkreis des überfallenen Politikers ist bisher als Neonazi-Szene nicht auffällig geworden.	☐	☐
6	Das Attentat wurde nur von Parteifreunden des überfallenen Politikers verurteilt.	☐	☐

Der Untertitel des Zeitungsartikels

bezieht sich schwerpunktmäßig auf die Inhalte der Abschnitte

7 __________

und

8 __________ des Artikels.

Untersuche die Verbformen in den folgenden Sätzen:

- Polizeipräsident Glietsch betonte, trotz des Übergriffs **sei** es nicht gerechtfertigt, einzelne Stadtteile als „No-Go-Areas“ für Ausländer zu bezeichnen (Z. 58–62).
- Demokratie **müsse** jeden Tag neu erkämpft werden (Z. 55 f.).

9 Welche Aussageweise (Modus) wird in diesen Sätzen gewählt?
Kreuze die richtige Antwort an:

a Indikativ (Wirklichkeitsform) ☐

b Imperativ (Befehlsform) ☐

c Konjunktiv I (Möglichkeitsform für indirekte Rede) ☐

d Konjunktiv II (Möglichkeitsform für mögliche oder unmögliche Ereignisse) ☐

10 Warum wird diese Aussageweise gewählt?
Kreuze die richtige Antwort an:

a Die Aussage entspricht nicht den Tatsachen. ☐

b Der Sprechende ist sich unsicher. ☐

c Der Journalist gibt die Aussagen oder Meinungen eines anderen wieder. ☐

d Der Journalist hält das Gesagte für unwahrscheinlich. ☐

11 Wie unterscheiden sich die folgenden Formen von den Verbformen in 9?

a Bei den Tätern **handelt** es sich laut Polizei um zwei Männer … (Z. 12 ff.).

b Die Angreifer **hätten** „Scheiß Türke, wir kriegen Dich" gerufen (Z. 36 ff.)

Kreuze die richtige Antwort an:

a Indikativ (Wirklichkeitsform) ☐

Imperativ (Befehlsform) ☐

Konjunktiv I (Möglichkeitsform für indirekte Rede) ☐

b Konjunktiv II (indirekte Rede) ☐

Konjunktiv II (Möglichkeitsform für mögliche oder unmögliche Ereignisse) ☐

Imperfekt (Vergangenheit) ☐

12 Warum werden diese Verbformen gewählt?
Gib eine kurze Begründung:

a Weil ______________________________

____

b Weil ______________________________

____

Untersuche den Berichtstil des Journalisten in der WELT am SONNTAG.

13 Um welche Wortart handelt es sich bei den fettgedruckten Wörtern? Kreuze die richtige Antwort an:

- Nach dem **offenbar** fremdenfeindlichen Attentat auf den Berliner Linkspartei-Politiker … (Untertitel)
- Nach dem Überfall … gibt es von den **vermutlich** fremdenfeindlichen Tätern noch keine Spur (Z. 1–5).

a Adverb ☐

b Adjektiv ☐

c Attribut ☐

14 Welche Wirkung hat diese Wortart an den zitierten Stellen auf die Berichterstattung des Journalisten? Formuliere selbst eine Antwort:

Der Journalist will ______________________________

____

____

15 Welche anderen Wendungen lassen sich in dem Artikel finden, die eine ähnliche Wirkung haben wie die Wortart, die du in 13 und 14 untersucht hast? Gib 2 Beispiele:

a (Z. …) ______________________________

b (Z. …) ______________________________

Untersuche die Bildsprache(Metaphorik) der Politiker.

Im vorliegenden Zeitungsbericht werden Politiker zitiert, deren Sprache nicht immer neutral ist:

a Claudia Roth: „Nicht die Äußerungen zum Problem Rechtsextremismus sind es, die dem Image Deutschlands vor der WM schaden, sondern die **nackten** Fakten“ (Z. 91–95).

b Franz Münterfering: „Wir dürfen der **braunen Soße** nie mehr eine Chance geben, das müssen sich die demokratischen Parteien versprechen“ (Z. 50 ff.)

16 Welche Bedeutung haben diese Metaphern im jeweiligen Satzzusammenhang? Gib eine begriffliche Umschreibung der zitierten sprachlichen Bilder:

a Die ‚nackten Fakten' bedeuten etwa ______________________

____

____

____

____

b Die ‚braune Soße' bezieht sich auf ______________________

____

____

____

____

17 Welche Wirkung auf den Leser oder Zuhörer könnten die zitierten Politiker mit diesen Metaphern beabsichtigen? Erkläre die Sprechabsicht in eigenen Worten:

a Mit der Metapher ‚nackte Fakten' meint die Politikerin ______________

____

____

____

____

b Mit der Metapher ‚braune Soße' will der Politiker ________________

____

____

____

____

Welche der folgenden Aussagen treffen sinngemäß auf den Zeitungstext zu?

Kreuze die richtigen Antworten an:

		trifft zu	trifft nicht zu
18	Als türkischstämmiger Politiker ist Sayan noch wenig vertraut mit den Bevölkerungsgruppen im Osten Berlins.	☐	☐
19	Bei den Tätern handelt es sich erwiesenermaßen um zwei Männer aus der Neonazi-Szene in Berlin-Lichtenberg.	☐	☐
20	Der Linkspartei-Politiker provozierte die Attentäter mit seiner liberalen Migrationspolitik.	☐	☐
21	Die Frage, ob es in Deutschland besonders gefährliche Gegenden für Ausländer gebe, wird nicht von allen bejaht.	☐	☐
22	Der türkischstämmige Politiker hat seinen Wahlkreis bewusst im Berliner Osten mit seinen hohen Migrantenanteilen gewählt, um zur Verständigung zwischen Deutschen und Ausländern beizutragen.	☐	☐
23	Die Empörung über den Überfall in Berlin war deswegen so groß, weil Deutschland wegen der bevorstehenden Fußball-Weltmeisterschaft im Zentrum der Weltöffentlichkeit stand.	☐	☐

Vergleiche die Überschriften in verschiedenen Zeitungen.

Am selben Tag (21. Mai 2006) wurde auch in der BILD am SONNTAG (S. 1 und 2/3) über den Überfall auf den Berliner Politiker berichtet.

24 Wie unterscheiden sich diesen beiden Überschriften im Satzbau?

a Nach Überfall auf Sayan: Keine Spur von den Tätern (Überschrift des vorliegenden Artikels aus der WELT am SONNTAG)

b „Scheiß Ausländer, Scheiß Türke“ – dann schlugen sie mit der Flasche zu (Überschrift aus der BILD am SONNTAG, 21. 05. 2006, S. 2/3)

Wähle unter diesen Möglichkeiten aus. Es kann mehr als eine Möglichkeit zutreffen:

- Nominalgruppe
- vollständiger Satz
- Präpositionalgruppe
- Partizipialgruppe
- Verbalgruppe

a ____

b ____

25 Welcome Wirkung haben diese Titel auf den Leser?

a Der Titel in der WELT am SONNTAG klingt für den Leser ____________,

weil ____

____

b Der Titel in der BILD am SONNTAG soll den Leser ____________

ansprechen. Denn ____

____

Vergleiche unterschiedliche Formen der Berichterstattung in verschiedenen Zeitungen.

Fremdenhass

Politiker in Berlin niedergeschlagen

Es ist eine Schande! Mitten in unserer Hauptstadt ist der PDS-Politiker Giyasettin Sayan (56) von unbekannten Schlägern als „Scheiß Ausländer" beschimpft und niedergeschlagen worden. Das türkischstämmige Opfer, das seit mehr als 30 Jahren in Deutschland lebt und einen deutschen Pass hat, kam ins Krankenhaus. Alles über den neuen Ausbruch von Fremdenhaß knapp drei Wochen vor der WM – Seiten 2/3

In: BILD am SONNTAG, 21. Mai 2006.

26 Wie unterschiedlich stellen die Journalisten den Überfall auf den Politiker in der Welt und in der Bild-Zeitung dar?

a WELT am SONNTAG:

„Plötzlich schlug einer mit einer Flasche auf meinen Kopf und mein Gesicht. Ich wollte weglaufen, da hat er von hinten auf meine Schulter und meinen Rücken geschlagen." Die Angreifer hätten „Scheiß Türke, wir kriegen Dich" gerufen. [Abschnitt 3]

b BILD am SONNTAG:

Mitten in unserer Hauptstadt ist der PDS-Politiker Giyasettin Sayan (56) von unbekannten Schlägern als „Scheiß Ausländer“ beschimpft und niedergeschlagen worden. [Abschnitt 1]

Erkläre die Unterschiede:

a Der Journalist in der WELT am SONNTAG ______________________

____

____

____

b Der Journalist in der BILD am SONNTAG ______________________

____

____

____

Lies unterschiedliche Stellungnahmen zum Überfall in Berlin.

Zum Attentat auf den türkischstämmigen Berliner Politiker hat es zahlreiche Kommentare in der Presse gegeben. Viele beschäftigten sich mit der Frage, wie die Verantwortlichen (Politiker, Polizei) in Deutschland mit der Gewalt gegen Ausländer umgehen sollen.

- *Sebastian Edathy (SPD), Vorsitzender des Innenausschusses im Bundestag, zu BILD am SONNTAG (21. 5. 2006)*

  „Rechtsextremistische Gewalt ist ein gesamtdeutsches Problem, aber im Osten deutlich stärker ausgeprägt als im Westen. Es kommt zu Vorfällen, bei denen die Polizei nicht schnell genug handelt. Anzeigen und Anrufe werden mitunter nicht ernst genug genommen. Dabei müßte klar sein: Wenn Leute auf eine pöbelnde Neonazi-Gruppe hinweisen, darf die Polizei das nicht auf die leichte Schulter nehmen. [...] Der Umgang mit Rechtsextremismus muß einen höheren Stellenwert bei der Ausbildung der Polizei bekommen, auch und gerade in Ostdeutschland.“
- *Uwe-Karsten Heye (SPD), Ex-Regierungssprecher, zu BILD am SONNTAG (21. 5. 2006)*

  [Heye] wertet den Angriff auf Sayan als weiteren Beleg dafür, „daß es vor allem in Ostdeutschland Gegenden gibt, in denen ganze Bevölkerungsgruppen nicht mehr leben können oder leben wollen, weil sie Angst haben“. Von der Polizei erwarte er, daß sie alles tue, „um die Täter so schnell wie möglich zu fassen und vor Gericht zu stellen“. Richtern, die rechtsradikale Gewalttäter verurteilen, müsse klar sein, „daß alle Hoffnungen, durch milde Urteile würden sich die Täter bessern, sich nicht erfüllt haben“.

- *zakk – Zentrum für Aktion, Kultur und Kommunikation*
  http:/www. zakk.de/blog/?p=198 (Ausdruck 21. 5. 2006)
  Der vom Düsseldorfer Flüchtlingsrat eingeladene Türkeiexperte Giyasettin Sayan, Mitglied des Berliner Abgeordnetenhauses, wurde am vergangenen Wochenende in Berlin von Rechten überfallen und krankenhausreif geschlagen. […] Was ist nur los mit diesem Land? In den letzten Wochen gab es immer wieder Angriffe auf Ausländer oder solche, die dafür gehalten wurden. Als zakk werden wir weiter das Thema rechte Gewalt in unseren Veranstaltungen aufgreifen – leider! Wir rufen unsere LeserInnen und BesucherInnen zu Zivilcourage auf, wir rufen dazu auf, sich einzumischen, wenn Ausländer gejagt und misshandelt werden. Wir rufen dazu auf, den Neonazis die rote Karte zu zeigen, z. B. wenn sie am 3. Juni durch Düsseldorf marschieren wollen.

27 Welche Stellungnahme bietet deiner Meinung nach eine Lösung an, die den Vorfällen in Berlin am ehesten entspricht? Wähle eine Stellungnahme aus und begründe deine Meinung in einem Kurzkommentar:

Mich überzeugt am ehesten die Stellungnahme von ____________________,

weil ____

____

____

____

____

Lösungsvorschlag

Welche der folgenden Aussagen zum Inhalt des Zeitungstextes sind richtig?

Kreuze die richtigen Antworten an:

		trifft zu	trifft nicht zu
1	Es wird vermutet, dass der Überfall auf den Berliner Politiker einen fremdenfeindlichen Hintergrund hat.	☒	☐
2	Der Linkspartei-Politiker Giyasettin Sayan ist das Opfer einer gewalttätigen politischen Auseinandersetzung geworden.	☐	☒
3	Der Anschlag in Berlin soll kein Einzelfall in Deutschland sein.	☒	☐
4	Politiker behaupten, dass es einen Zusammenhang zwischen Fremdenfeindlichkeit und Rechtsextremismus gebe.	☒	☐
5	Der Wahlkreis des überfallenen Politikers ist bisher als Neonazi-Szene nicht auffällig geworden.	☐	☒
6	Das Attentat wurde nur von Parteifreunden des überfallenen Politikers verurteilt.	☐	☒

Der Untertitel des Zeitungsartikels

bezieht sich schwerpunktmäßig auf die Inhalte der Abschnitte

7 1

und

8 2 des Artikels.

Untersuche die Verbformen in den folgenden Sätzen:

9 Kreuze die richtige Antwort an:

- **a** Indikativ (Wirklichkeitsform) ☐
- **b** Imperativ (Befehlsform) ☐
- **c** Konjunktiv I (Möglichkeitsform für indirekte Rede) ☒
- **d** Konjunktiv II (Möglichkeitsform für mögliche oder unmögliche Ereignisse) ☐

10 Kreuze die richtige Antwort an:

a	Die Aussage entspricht nicht den Tatsachen.	☐
b	Der Sprechende ist sich unsicher.	☐
c	Der Journalist gibt die Aussagen oder Meinungen eines anderen wieder.	☒
d	Der Journalist hält das Gesagte für unwahrscheinlich.	☐

11 Kreuze die richtige Antwort an:

a	Indikativ (Wirklichkeitsform)	☒
	Imperativ (Befehlsform)	☐
	Konjunktiv I (Möglichkeitsform für indirekte Rede)	☐
b	Konjunktiv II (indirekte Rede)	☒
	Konjunktiv II (Möglichkeitsform für mögliche oder unmögliche Ereignisse)	☐
	Imperfekt (Vergangenheit)	☐

12 **a** **Weil** durch die Wendung „laut Polizei" klar wird, dass es sich um eine wiedergegebene Meinung handelt, wählt man hier den Indikativ, nicht den Konjunktiv.

b **Weil** der Konjunktiv I für die Wiedergabe von Fremdmeinung bei dem schwachen Verb „haben" in der 3. Person Plural („sie haben") identisch ist mit dem Indikativ, verwendet man hier den Konjunktiv II („sie hätten").

Untersuche den Berichtstil des Journalisten in der WELT am SONNTAG.

13 Kreuze die richtige Antwort an:

a	Adverb	☒
b	Adjektiv	☐
c	Attribut	☐

14 **Der Journalist will** das vermutete Motiv für die Tat, nämlich „Fremdenfeindlichkeit", nicht als Tatsache darstellen, sondern als noch unbewiesene Annahme. Er hält sich in seinem Bericht ganz eng an den Stand der polizeilichen Ermittlungen (Z. 1 f.).

15 **a** **(Z.** 9 f): Die Ermittler **gehen von** einem extremistischen Hintergrund der Tat **aus**.

b **(Z.** 12 f): Bei den Tätern handelt es sich **laut** Polizei um zwei Männer …

Untersuche die Bildsprache (Metaphorik) der Politiker.

16 a Die ‚nackten Fakten' bedeuten etwa „unangenehme Ereignisse, die an die Öffentlichkeit gelangen / für jeden ersichtlich sind / man nicht leugnen oder beschönigen kann".

b Die ‚braune Soße' bezieht sich auf
(a) die Farbe der Uniform, die von Mitgliedern der nationalsozialistischen Partei getragen wurde, und
(b) „eine nicht klar durchschaubare Mischung", z. B. von „politischen Ideen / Zielsetzungen / ideologischen Ansichten."

17 a Mit der Metapher ‚nackte Fakten' meint die Politikerin, dass Fremdenfeindlichkeit in Deutschland sich durch handfeste Anschläge auf nicht deutschstämmige Mitbürger äußern kann. Ihre Sprechabsicht ist es, Politiker wie Bürger dazu aufzurufen, sich den für alle sichtbaren Tatsachen, d. h. dem Zusammenhang zwischen Rassismus und Gewalt, entschlossen entgegenzustellen.

b Mit der Metapher ‚braune Soße' will der Politiker die menschen- und fremdenfeindliche nationalsozialistische Rassenideologie herabsetzen, die die arische Abstammung zur Norm des deutschen Bürgers machte und Nichtarier, an erster Stelle Juden, verfolgte und vernichtete. Seine Sprechabsicht ist es, an Deutsche zu appellieren, nicht zuzulassen, dass sich eine rechtsextremistische Gesinnung in ihrem demokratischen Staat verbreitet.

Welche der folgenden Aussagen treffen sinngemäß auf den Zeitungstext zu?

Kreuze die richtigen Antworten an:

		trifft zu	trifft nicht zu
18	Als türkischstämmiger Politiker ist Sayan noch wenig vertraut mit den Bevölkerungsgruppen im Osten Berlins.	☐	☒
19	Bei den Tätern handelt es sich erwiesenermaßen um zwei Männer aus der Neonazi-Szene in Berlin-Lichtenberg.	☐	☒
20	Der Linkspartei-Politiker provozierte die Attentäter mit seiner liberalen Migrationspolitik.	☐	☒
21	Die Frage, ob es in Deutschland besonders gefährliche Gegenden für Ausländer gebe, wird nicht von allen bejaht.	☒	☐

22	Der türkischstämmige Politiker hat seinen Wahlkreis bewusst im Berliner Osten mit seinen hohen Migrantenanteilen gewählt, um zur Verständigung zwischen Deutschen und Ausländern beizutragen.	☒	☐
23	Die Empörung über den Überfall in Berlin war deswegen so groß, weil Deutschland wegen der bevorstehenden Fußball-Weltmeisterschaft im Zentrum der Weltöffentlichkeit stand.	☐	☒

Vergleiche die Überschriften in verschiedenen Zeitungen.

24 **a** Präpositionalgruppe („Nach Überfall auf …"), Nominalgruppe („Keine Spur …")

b Nominalgruppe („Scheiß Ausländer, …") als wörtliche Rede; vollständiger Satz („– dann schlugen sie …")

25 **a** **Der Titel in der WELT am SONNTAG klingt für den Leser** sachlich, weil er sich knapp auf die nachweislichen Fakten bezieht (Überfall und Ermittlungsstand).

b **Der Titel in der BILD am SONNTAG soll den Leser** emotional **ansprechen**. Denn er lässt ihn die Gewaltszene direkt miterleben: durch die zitierten rassistischen Beschimpfungen und die genannten Details der Gewalthandlung.

26 **a** **Der Journalist in der WELT am SONNTAG** zitiert das Opfer des Anschlags, wenn es um den Tathergang geht. Dies ist die persönliche Schilderung des Betroffenen. Der Journalist selbst gibt nur den Wortlaut des Zeugen wieder, ohne diesen als wahr zu bestätigen. Er berichtet sachlich, ohne eigenen Kommentar.

b **Der Journalist in der BILD am SONNTAG** berichtet über den Vorfall, als wäre er selbst dabei gewesen und hätte die Beschimpfungen mit eigenen Ohren gehört. Der Journalist berichtet subjektiv. Er erweckt den Eindruck, persönlich von der Gewalttat betroffen zu sein, und überträgt diese Betroffenheit auch auf die Leserschaft (vgl. „Mitten in unserer Hauptstadt"; die Eröffnung des Artikels mit diesem subjektiv formulierten Abschnitt).

27 Mögliche Schritte für den Kurzkommentar:

(1) Wahl des bevorzugten Standpunktes (z. B.: Mich überzeugt am ehesten die Stellungnahme des Zentrums für Aktion)

(2) begründete eigene Einschätzung (z. B.: weil hier eine Form der Gewaltbekämpfung befürwortet wird, die auf der Zivilcourage jedes Einzelnen und öffentlichen Bürgerprotesten beruht).

(3) Abgrenzung von den weniger überzeugenden Positionen (z. B. weil man nicht auf staatliche Maßnahmen vertraut, wie auf einen besser geschulten Polizeieinsatz [Stellungnahme 1] oder schärfere Gerichtsurteile [Stellungnahme 2]).

NRW – Zentrale Prüfungen am Ende von Klasse 10 an Gymnasien – Deutsch
Übungsaufgabe 3: Analyse einer Kurzprosa

Günter Kunert
Häuser an der Spree

Zu mir sprechen die Steine. Wenn auch nicht alle. Aber es sind auch nicht alle Menschen befähigt, sich auszudrücken. Die grauen Großblöcke, die frischen Ziegel sagen mir gar nichts, nur die von Erfahrung brüchigen, die vom Dasein lädierten, die von neuem und altem Leben befallenen, bemoosten, überwucherten.

So stehe ich vorm Gemäuer alter Berliner Häuser, vor den Altersflecken fehlenden Putzes, streifig von herabrinnendem Wasser, von Granatsplittern noch immer versehrt und von Kugeleinschlägen, innen geräumt und abrißbereit, da auch an ihrerstatt der viereckige Beton ersetzen soll, was unersetzlich ist: die Zeichen des gelebten Lebens. Große Anteilnahme befällt mich vor solchem Gestein, und weil man mit ihm nicht anders umspringt als mit den Städtebewohnern aus Fleisch und Blut. Was wir uns zu sagen haben, ist nicht viel; wir verstehen einander mit wenigen Worten, die nichts Wichtiges besagen, sondern nur – da wir beide nicht wissen, ob wir einander je wiedersehen, Umbau und Verschleiß der Welt beschleunigen sich stetig – daß wir voneinander Abschied nehmen. *(1969)*

In: Günter Kunert, Schatten entziffern. Lyrik, Prosa. 1950–1994. Reclam, Leipzig, 1995, S. 206
(160 Wörter)

Anmerkungen
4 *lädiert* beschädigt (Sache), verwundet (Person)
Günter Kunert (*1929 in Berlin) brach nach dem 2. Weltkrieg sein Grafik-Studium in Ost-Berlin ab, trat 1948 der SED (Sozialistische Einheitspartei Deutschlands) bei und wurde wegen seiner öffentlichen Parteinahme für einen DDR-Kritiker 1977 aus der Partei ausgeschlossen. Mit einem mehrjährigen Visum verließ er 1979 mit seiner Familie die DDR. Er lebt seitdem als freier Schriftsteller in Itzehoe/Schleswig-Holstein.
Notat nennt man in der Literaturwissenschaft Kunerts Kurzprosa. Man kann es etwa so definieren:
Das Notat ist eine Kürzestgeschichte, sozusagen eine Notiz oder niedergeschriebene Bemerkung. Seiner Form nach beinhaltet es einen Geschehenskern, mit entsprechenden Leerstellen, die jeder Leser individuell mit seiner Vorstellung oder Erfahrung füllen kann. Das Notat thematisiert Konfliktstoff, wie andere literarische Prosaformen auch, und zwar meist in einem städtischen Kontext, z. B. Kriegserfahrung, Städtesanierung, Industrialisierung, Isolation. Seiner Intention nach hat das Notat lehrhaften Charakter, wie eine Fabel oder Parabel.

Arbeitsauftrag

Interpretiere die Kurzprosa von Günter Kunert. Achte dabei besonders auf
- die Mittel des Erzählens (Rolle des Erzählers, Konflikt)
- die Mittel der generellen Textgestaltung (Pronomina, Personifizierungen, Satzbau).

Bestimme abschließend die Intention des Autors.

Lösungsvorschlag

Für deinen Interpretationstext ist es hilfreich, wenn du seinen ***Aufbau*** *sorgfältig planst. Verfahre nach diesem* ***Schreibplan****:*

- *In der Einleitung*
  - *ordnest du den Text anhand äußerer Publikationsdaten und der „Anmerkungen" in seinen Entstehungskontext ein,*
  - *nennst du das* ***Thema*** *des Textes und*
  - *stellst du eine* ***Deutungshypothese*** *auf:*

    Beispiel:

    Die Entfremdung des Erzählers von seinem Umfeld, das sich immer mehr verändert und großen Umbrüchen unterworfen ist.

  Die Deutungshypothese gibt deinen Untersuchungen eine Zielperspektive und eine Gliederung. Gib einleitend auch einen ***Überblick****, wie du deine Untersuchung aufbauen willst:*

    Beispiel:

    Diese Erfahrung lässt sich näher untersuchen, wenn man die folgenden stilistischen und kompositorischen Mittel analysiert:…

- *Im* ***Hauptteil*** *deines Textes verfährst du wie am Ende der Einleitung angekündigt: Du benennst und untersuchst einzelne sprachliche und kompositorische Mittel des Ausgangstextes, die dir für die* ***Verifizierung*** *(den Nachweis) deiner Hypothese wichtig erscheinen.*

  Hierbei sind ***Kenntnisse literarischer*** *wie* ***allgemeiner Textgestaltung*** *hilfreich, v. a.:*
  - *epische Mittel: Erzähler (hier: in der Rolle eines Stadtmenschen), Konflikt (hier: zwischen altem und modernem Städtebau)*
  - *stilistische Mittel (hier: Personifizierung, Alliteration, Personalpronomina)*
  - *syntaktische Mittel (hier: parataktischer Satzbau durch Reihung von Nominalgruppen, Präpositionalgruppen; Hypotaxe)*
  - *kompositorische Mittel (hier: Dreiteilung des Textes durch die Verwendung unterschiedlicher Pronomina)*

- *Am* ***Schluss*** *deiner Interpretation*
  - *kehrst du zur Deutungshypothese des Anfangs zurück, verifizierst sie und vertiefst sie durch eine* ***generalisierende Deutung****,*
  - *ermittelst du die Intention des Autors. Hierbei ist es wichtig zu berücksichtigen, dass Günter Kunert zum Zeitpunkt der Veröffentlichung dieses Notats in der ehemaligen DDR gelebt und geschrieben hat.*

Das Notat „Häuser an der Spree“ von Günter Kunert aus dem Jahr 1969 thematisiert am Beispiel einiger „alter Berliner Häuser“ (Z. 5f.) eine Großstadterfahrung, offensichtlich in einem Ostberliner Raum, wenn man den Titel („Häuser an der Spree“), den direkten Verweis auf die „Berliner Häuser“ (Z. 6) und den ostdeutschen Wirkungsraum des Autors betrachtet.

Generelle Einbettung des Textes in seinen Entstehungskontext

Thema

Der Erzähler in Kunerts Notat stellt seine zunehmende Entfremdung von einem Lebensraum dar, der sich immer mehr verändert und großen Umbrüchen unterworfen ist. Diese Erfahrung lässt sich näher untersuchen, wenn man die folgenden stilistischen und kompositorischen Mittel analysiert: den Textaufbau, das dominante Sachfeld „Architektur“, die Personifizierung der „Steine“ und den Satzbau.

Deutungshypothese

Der Text ist in drei Teile aufgebaut, die unterschiedliche Situationen beschreiben, was sich auch an den wechselnden Personalpronomina erkennen lässt: Der Erzähler spricht zunächst von „Steinen“, die „zu mir“ sprechen (Z. 1–4), dann von sich selbst (Z. 5–16), wie das Personalpronomen „ich“ in Z. 5 zeigt, und schließlich wieder von sich und den „Steinen“ als „wir“ (Z. 16–20). Dabei identifiziert er sich zunehmend mit den „Steinen“, was sich anhand der Pronomina „wir uns“ (Z. 16), „wir einander“ (Z. 17, 18f.) und „wir beide“ (Z. 18.) nachweisen lässt.

Kompositorische Mittel
Rahmenbildung

Personalpronomina

In dieser Abfolge von Textabschnitten lässt sich ein Entwicklungsgang erkennen. Der Sprecher steht im mittleren Kompositionsabschnitt als Ich, er ist sozusagen eingeschlossen zwischen „Steinen“ (1. Kompositionsabschnitt) und „Gestein“ (3. Kompositionsabschnitt), d. h. er befindet sich inmitten der dichten Bebauung einer Großstadt.

Im Laufe seiner Betrachtungen verändert er sich. Er ist zunächst nur ein Objekt, ein Betrachter, auf den Eindrücke seiner städtischen Umgebung einwirken; dann ist er aktives Subjekt, das gedanklich und gefühlsmäßig auf seinen Lebensraum reagiert, in eine Art Zwiegespräch mit der geprägten Wohnarchitektur seines Viertels tritt; und zum Schluss bekennt er seine enge Verbundenheit mit dem städtischen Milieu, in dem er lebt: Er erfährt sich als „wir“, als zugehörig zu den Häusern und den Geschichten ihrer Bewohner. Mit der Vergangenheit der Häuser kann er sich ebenso identifizieren wie mit dem drohenden Schicksal ihres Abrisses (Z. 15f.: „weil man mit ihm [dem Gestein] nicht anders umspringt als mit den Städtebewohnern aus Fleisch und Blut“). Insofern hat der Sprecher am Ende seiner Reflexionen einen höheren Bewusstseinszustand erreicht als zu Beginn.

Der Erzähler ist ein Großstadtmensch. Die durchgehenden Wörter aus dem Sachfeld „Architektur“ und die topografischen Bezeichnungen „Spree“ und „Berlin“ verdeutlichen dies. Die Bebauung ist dicht, so gibt der durch Nominalgruppen verlängerte Satzbau zu verstehen (Z. 2–4). Sein Wohnraum ist zunehmend gekennzeichnet durch eine moderne Hochbauweise (Z. 2 f.: „Die grauen Großblöcke, die frischen Ziegel“, Z. 12: „der viereckige Beton“), die auf Abrissflächen entsteht (Z. 11 f.: „an ihrerstatt der viereckige Beton“). Vom Abriss bedroht sind „alte[ ] Berliner Häuser“ (Z. 5 f.), die deutliche Spuren mangelnder Sanierung (Z. 3 ff.) und fortschreitenden Verfalls (Z. 5 f.) aufweisen, vor allem aber Zeichen der Zerstörung durch den (2. Welt-)Krieg tragen (Z. 8 ff.).

stilistische und syntaktische Mittel

Sachfeld „Architektur“

Reihung von Nominalgruppen

Die Sanierung des baulich veralteten und verfallenen Wohnviertels durch Betonhochhäuser ist eine Zeiterscheinung, die der Erzähler kritisch sieht. Für ihn bedeutet der Abriss baufälliger Häuser einen Verlust an gelebter Stadtgeschichte (Z. 14: „Zeichen gelebten Lebens“) und fehlenden Respekt vor der Vergangenheit. Zwar verbindet er diese Geschichte nicht mit einzelnen Menschen, etwa persönlichen Begegnungen mit Nachbarn oder Freunden. So verwendet er durchgehend Sammelbegriffe wie „Steine“, „Gemäuer“, „Gestein“, die die Gleichförmigkeit und Anonymität des Wohnens in der Stadt unterstreichen. Doch sind Menschen, zumal der Erzähler, und Mauern eng miteinander verbunden. Diesen Eindruck vermittelt er durch Alliteration (Z. 16 f.) als Zeichen der wechselseitigen Verständigung und den hypotaktischen Satzbau (Z. 18–20), der zeigt, wie sehr der Erzähler gedanklich mit dem Abschied von den Häusern in einem geschichtlich geprägten Wohnviertel beschäftigt ist. Die Besonderheit „alter Berliner Häuser“ liegt in seinen Augen darin, dass sie „von neuem und altem Leben befallen[...]“ sind (Z. 4). Durch die erkennbaren Anzeichen baulicher Abnutzung (Z. 3–8) erzählen sie die Lebensgeschichten von Generationen ihrer Bewohner, so als wären sie selbst lebendige Zeitzeugen. Die Personifizierung der „Steine“ durch Verben der Verständigung (Z. 1: „sprechen“, Z. 3: „sagen“, Z. 17: „einander verstehen“) macht deutlich, wie sensibel der Erzähler die Vergangenheit seines Stadtviertel wahrnimmt und respektiert.

Sachfeld „Architektur“

Sammelbegriffe

Alliteration

Hypotaxe

Personifizierung:

Verben der Verständigung

Bedeutsamer noch als die Gebrauchsspuren langjähriger Besiedlung sind für den Erzähler die Anzeichen gewalttätiger Zerstörung. Der Einschlag von Bomben und „Granatsplittern" nach feindlichen Luftangriffen hat die Häuser in Berlin ebenso zu Kriegsversehrten gemacht wie die Menschen: „von Granatsplittern noch immer versehrt und von Kugeleinschlägen" (Z. 8 ff.).

Personifizierung: Verwundung

In seiner literarischen Notiz (vgl. die Textform „Notat") hält der Erzähler eine gesellschaftskritische Anmerkung im städtischen Kontext der späten 60er-Jahre des 20. Jahrhunderts fest: Im Zuge der Städtesanierung dieser Zeit werden wichtige Zeitzeugen des Jahrhunderts vernichtet. Die zum Abriss bereit stehenden „alte[n] Berliner Häuser" dokumentieren nach Einschätzung des Erzählers eine fehlgeschlagene, aggressive Phase der menschlichen Zivilisation. Ihre Zwangsräumung (Z. 10 f.) macht nicht nur „Städtebewohner[...] aus Fleisch und Blut" (Z. 16) obdachlos, sondern entzieht auch nachfolgenden Generationen lebendige Mahnmale einer zivilisationsfeindlichen Vergangenheit, wie sie sich anhand der Kriegsspuren des 2. Weltkriegs an den alten Häuserfassaden widerspiegelt. Ein Abriss dieser Häuser kommt demnach dem Versuch gleich, diese Vergangenheit gleichsam zu beseitigen, statt sie in gemeinsamer kritischer Auseinandersetzung zu bewältigen.

Rückkehr zur Deutungshypothese
Verifizierung

und

Generalisierung

Letztlich vermittelt Kunert durch den Erzähler in seinem Notat auch Kritik an einem Staat, der mit Häusern aus einer früheren Ära „nicht anders umspringt als mit den Städtebewohnern aus Fleisch und Blut" (Z. 15 f.).Hiermit klagt er die Politik an, Altes nicht zu pflegen, sondern zu zerstören und sich mit dem historischen Erbe nicht auseinander zu setzen.

Ermittlung der **Intention** des Autors

Als Bürger der ehemaligen DDR könnte Kunert mit seinem Notat auch kritisch auf den zerstörerischen Umgang der sozialistischen Regierung reagiert haben, die wertvolle „Denkmäler" einer vergangenen Gesellschaftsform für den Abriss freigab. Hierzu gehört etwa das Berliner Stadtschloss, das 1950 abgerissen wurde, um Platz für den Palast der Republik, den offiziellen Regierungssitz der DDR, zu schaffen.

Kurzinformationen zum gesellschaftlichen Kontext des Autors

NRW – Zentrale Prüfungen am Ende von Klasse 10 an Gymnasien – Deutsch
Übungsaufgabe 4: Analyse eines Gedichts

Alfred Wolfenstein
Städter

Dicht wie Löcher eines Siebes stehn
Fenster beieinander, drängend fassen
Häuser sich so dicht an, daß die Straßen
Grau geschwollen wie Gewürgte sehn.

Ineinander dicht hineingehakt
Sitzen in den Trams die zwei Fassaden
Leute, ihre nahen Blicke baden
Ineinander, ohne Scheu befragt.

Unsre Wände sind so dünn wie Haut,
Daß ein jeder teilnimmt, wenn ich weine.
Unser Flüstern, Denken .. wird Gegröhle ..

– Und wie still in dick verschlossner Höhle
Ganz unangerührt und ungeschaut
Steht ein jeder fern und fühlt: alleine. *(1914)*

Aus: Silvio Vietta (Hrsg.), Die Lyrik des Expressionismus. dtv. Niemeyer, Tübingen, 1976, S. 46

Anmerkungen:

6 *Tram* Die (elektronisch betriebene) Straßenbahn wurde um die Jahrhundertwende (19./ 20. Jahrhundert) zum Massentransportmittel in deutschen Großstädten. Anders als in späteren Modellen waren die Sitze nicht Zweigruppen hintereinander angeordnet, sondern in zwei langen Sitzreihen zu beiden Längsseiten des Wagons. Die Fahrgäste saßen einander also gegenüber.

Alfred Wolfenstein (1883–1945) gehört zu den expressionistischen Dichtern. Die kulturpessimistische Richtung innerhalb der Lyrik des Expressionismus (ca. 1910–1920) thematisierte gesellschaftliche Probleme nach der Jahrhundertwende, u. a. Verstädterung, Industrialisierung, Verlust an zwischenmenschlichen und religiösen Bindungen sowie die nahende Katastrophe des 1. Weltkriegs.

Das vorliegende Gedicht ist ein **Sonett**. In der Literaturwissenschaft wird es folgendermaßen definiert: Die Quartette stellen in These und Antithese die Thematik des Gedichts dar. Die Terzette führen die Gegensätze zu einer Bilanz, einer Synthese. Das Sonett ist auf das pointierte Ende hin angelegt. Es besitzt dadurch eine Klimax- oder Finalstruktur.

Finale S. 131

Arbeitsaufträge

1. Interpretiere das Gedicht von Alfred Wolfenstein.
   Beziehe in deine Untersuchungen auch die Form des Sonetts mit ein (vgl. „Anmerkungen").
2. Das Sonett entstand nach der Wende vom 19. zum 20. Jahrhundert. Welchen Kommentar zum Stadtleben seiner Zeit spricht dieser expressionistische Dichter durch sein lyrisches Ich aus?

Lösungsvorschlag

1. *Zur Lösung der* ***textanalytischen*** *Aufgabe 1 orientierst du dich an den folgenden* ***lyrischen*** *und* ***allgemeinen literarischen Gestaltungsmitteln*** *von Texten:*
   - *an kompositorischen Mitteln:*
     - *den Kompositionseinheiten des Sonetts: 2 Quartette, 2 Terzette*
     - *dem argumentativen Gedankengang des Sprechers*
   - *an lyrischen Mitteln:*
     - *dem Sprecher (in der Rolle eines Stadtmenschen),*
     - *sprachlichen Bildern (Vergleichen und Metaphern für Menschen und Architektur in der Stadt),*
     - *Reimen (umarmender Reim in den Quartetten, Mischung von Kreuz- und Paarreim in den Terzetten; Zeilensprung und Zeilenstil),*
     - *dem Versfuß (Trochäus: fallender Rhythmus, d.h. einer betonten Silbe folgt eine unbetonte)*
   - *an weiteren literarischen Mitteln:*
     - *Personifizierung (der Häuser)*
     - *Entpersonifizierung (der Menschen)*

   Für deinen Interpretationstext ist es hilfreich, wenn du von einem ***Schreibplan*** *ausgehst, z. B.:*
   - *Du beginnst in der* ***Einleitung*** *mit einer* ***Deutungs-*** *oder* ***Arbeitshypothese****. Diese gibt deinen Untersuchungen eine Zielperspektive und eine Gliederung. Nenne auch die* ***Reihenfolge*** *deiner Untersuchungsschritte.*
   - *Im* ***Hauptteil*** *orientierst du dich an den Kompositionseinheiten des Sonetts, nämlich den Quartetten und Terzetten, in denen der Sprecher die Problematik in einzelnen gedanklichen Schritten entfaltet.*
   - *Du kehrst am* ***Schluss*** *deiner Interpretation zur Deutungshypothese des Anfangs zurück,* ***verifizierst*** *diese und vertiefst sie durch eine* ***generalisierende Deutung****.*

Generelle Einbettung in den historischen Entstehungskontext

Das Gedicht von Alfred Wolfenstein entstand in der Epoche des Expressionismus, im zweiten Jahrzehnt des 20. Jahrhunderts. Aufgrund der pessimistischen Grundhaltung des Sprechers gegenüber dem städtischen Lebensraum seiner Zeit lässt sich dieses Gedicht in die Reihe der kulturkritischen Stadtgedichte des Expressionismus einordnen.

Deutungshypothese

Der Sprecher in Wolfensteins Gedicht kommentiert das Leben in der Großstadt zu Beginn des 20. Jahrhunderts. Er stellt Menschen vor, „Städter“, die in dicht bevölkerten Siedlungsräumen keine menschliche Nähe, sondern eine zunehmende gesellschaftliche Isolation erfahren. Der Gedankengang des

Sprechers entwickelt sich in den vier Versgruppen eines Sonetts, die die zunehmende Entfremdung zwischen den Menschen widerspiegeln.

1. Quartett: These

Im ersten Quartett stellt der Sprecher thesenartig die dichte Bebauung in der Stadt als Chance einer zwischenmenschlichen Nähe, aber auch als Bedrohung und Bedrängnis dar. Die durchgehenden fallenden Rhythmen (Trochäen) erzeugen von Anfang an eine pessimistische Grundstimmung. Gebäude stehen in langen Häuserzeilen nebeneinander, wie die Raumadjektive bzw. -adverbien verdeutlichen (Z. 1: „Dicht ... beieinander“; Z. 2 f.: „drängend fassen/... sich so dicht an“). Daraus kann sich potentiell eine nachbarschaftliche Nähe ergeben. Wie Menschen, die Kontakt oder Schutz suchen, „drängen sich“ Häuser „aneinander“ und „fassen sich“ an. In dieser dichten Bebauung können Menschen grundsätzlich mit einander in enger Verbindung stehen. Das sprachliche Bild des „Siebes“ (Z. 1) lässt sich als Hinweis auf eine geschlossene soziale Einheit verstehen. Auch das umarmende Reimschema abba signalisiert Zusammenhalt. Die fortgesetzten Zeilensprünge verweisen auf die langen Reihen der Siedlungshäuser wie auch auf die potenzielle Gemeinschaft der hier Wohnenden. Zunächst scheint der Sprecher also weniger die abstoßende massive Bausubstanz (Steine oder Fassaden) der Häuser vor Augen zu haben als die „Fenster“, die ihm in den hoch aufragenden Fassaden der Wohnblöcke „wie Löcher eines Siebes“ (Z. 1) vorkommen, also Kontaktmöglichkeiten zu Nachbarn und dem Leben auf der Straße bieten. Doch vermittelt dieser Vergleich bereits den Eindruck von Leere in den dahinter liegenden Wohnräumen.

Versfuß

Raumadjektive, -adverbien

Personifizierung

Vergleich

Reimschema

Zeilensprünge

Die Chance eines sozialen Miteinanders in den Wohneinheiten von städtischen Mietshäusern wird damit bereits im 1. Quartett eingeschränkt. Hierzu trägt auch das triste „Grau“ der asphaltierten Straßen bei, die zwischen den Häuserzeilen auf nur engem Raum angelegt sind, sowie das Gefühl, dass dieser beengte Wohnraum den Menschen kaum Luft zum Atmen lässt. Der Vergleich „Straßen/Grau geschwollen wie Gewürgte“ (Z. 3 f.), dessen Alliteration an den Gurgellaut eines Erstickenden erinnert, unterstreicht dieses Gefühl noch zusätzlich.

Vergleich

Alliteration

Im zweiten Quartett, das als Antithese verstanden werden kann, spricht der Sprecher dieser flächendeckenden Bebauung in der Stadt die Chance eines menschenwürdigen Daseins vollständig ab. Hier werden, nach der Überschrift zum ersten Mal, die „Leute" (Z. 7) erwähnt, die in der Stadt wohnen und hier in den überfüllten öffentlichen Verkehrsmitteln (Z. 6) offenbar auf dem Weg zur Arbeit sind. Ihre physische Nähe auf gegenüberliegenden Sitzreihen (Z. 5: „Ineinander dicht hineingehakt") in einem geschlossenen öffentlichen Raum, die auch im umarmenden Reimschema (cddc) angedeutet wird, schlägt um in feindliche Konfrontation, wie die Versbrechung mitten in der Nominalgruppe „die zwei Fassaden/Leute" (Z. 6 f.) deutlich macht. In der Übertragung der baulichen Substanz der Häuser („Fassaden") auf deren Bewohner werden die Menschen entpersonifiziert. Sie wirken starr und unbeweglich, sprach-, gefühls- und beziehungslos. Trotz der räumlichen Nähe zu anderen bleiben sie ohne freundliche Zuwendung und Wärme. Nur über ihre Blicke versuchen sie stumm Kontakt zu anderen Fahrgästen herzustellen (Z. 7 f.: „ihre nahen Blicke baden/Ineinander"), als seien sie auf der Suche nach Intimität, was auch durch die Metapher des Badens zum Ausdruck kommt. Doch scheint das Motiv für diesen aufdringlichen Blickkontakt eher distanzlose Neugier oder auch fehlendes Feingefühl (Z. 8: „ohne Scheu befragt") als echtes Interesse oder Anteilnahme zu sein. Letztlich erweisen sich menschliche Kontakte als zufällig und oberflächlich, der Einzelne bleibt anonym und isoliert, wie der Sammelbegriff „Leute" verdeutlicht, in der Masse der Stadtbewohner. Die Wortwiederholung „dicht" in beiden Quartetten ist ein deutlicher Hinweis auf ein städtisches Ballungszentrum.

2. Quartett: Antithese

Reimschema

Versbrechung/ Zeilensprung

Entpersonifizierung

nonverbale Kommunikation

Metapher

Sammelbegriff

Wortwiederholung

In den beiden Terzetten sucht der Sprecher eine Lösung (Synthese) aus der zuvor entwickelten Widersprüchlichkeit von räumlicher Nähe und menschlicher Distanz in der Großstadt. In einem ersten Schritt, der im 1. Terzett dargestellt wird, reflektiert er seine eigene Situation als betroffener Bewohner eines Ballungszentrums, stellvertretend für andere Stadtbewohner: „Unsre Wände" (Z. 9) als Teil für das Ganze *(pars pro toto)* des Hauses verweisen ebenso darauf wie das Possessivpronomen „unsre" als Ausdruck der gemeinsamen Erfahrung. Wie andere „Städter" erfährt er durchaus die An-

1. Terzett: Synthese (1. Schritt)

pars pro toto

Possessivpronomen

teilnahme seiner Mitbewohner an seinem Leben, allerdings in einer Weise, die ihn in seiner Privatsphäre verletzt. Die enge Bebauung macht Wohnungen in Stadthäusern hellhörig (Z. 9: „Unsre Wände sind so dünn wie Haut"). Nachbarn werden zu (unfreiwilligen) Zuhörern bei Streit und Kummer der Mitbewohner (Z. 10: „Daß ein jeder teilnimmt, wenn ich weine"). Private Gespräche, eigene Standpunkte und persönliche Pläne (Z. 11: „Unser Flüstern, Denken") lassen sich nicht vor anderen verheimlichen, sie gehen unter in den anhaltend lauten Lebensgeräuschen der anderen Mieter (Z. 11: „Gegröhle"). Diese Lebensäußerungen dringen in Wiederholung, wie die Vorsilbe „Ge-" in dem Ausdruck „Gegröhle" deutlich macht, störend in den benachbarten Wohnraum ein. Der Sprecher empfindet sie offensichtlich als lästig. Dies wird auch durch das auslautende -e, das ähnlich unangenehm wie in „Geschreie" wirkt, betont.

Vergleich

Vorsilbe Ge- mit auslautendem -e

Im 2. Terzett zieht der Sprecher die Bilanz aus seinen Überlegungen: Die Verstädterung des Lebensraums (1. Quartett) führt zu unausweichlicher Nähe der Menschen im Ballungszentrum (2. Quartett), doch statt des ersehnten zwischenmenschlichen Kontakts erfährt der Großstadtmensch einen Verlust seiner Privatsphäre (1. Terzett) und bleibt schließlich isoliert und anonym („alleine", Z. 14) in der urbanen Massengesellschaft. Die Mietzelle im Hochhaus der Stadt erscheint dem Sprecher in seinem Resümee als „dick verschlossne Höhle" (Z. 12), wie eine abgekapselte Wohneinheit, die die Isolation der Menschen noch verstärkt. Die Metapher „Höhle" bedeutet, dass der Mensch in seiner Wohnzelle lediglich seinen Grundbedürfnissen wie essen, trinken und schlafen nachgeht, fast wie im Tierreich. Hier lebt er trotz der lauten Wohnumgebung (1. Terzett) „still" (Z. 12), d. h. ohne Kontakt und Kommunikation mit Nachbarn. Niemand kommt zu Besuch und nimmt Anteil an seinen Problemen, seinen Erfolgen oder Freuden, „unangerührt und ungeschaut" (Z. 13) fristet er hier sein Dasein. Die Widersprüchlichkeit zwischen Lärm („Gegröhle", Z. 11) und Stille (der „Höhle" Z. 12), zwischen der durchlässigen „Haut" (Z. 9) der Wände und dem Desinteresse der Mitmenschen („ungeschaut" Z. 13) wird auch formal dadurch betont, dass die Reime beider Terzette miteinander verschränkt sind (efg gef).

2. Terzett: Synthese (2. Schritt)

Bilanz, Finalstruktur

Metapher

Reimschema

Die Einsamkeit des Städters entwickelt sich also in den Augen des Sprechers paradoxerweise inmitten der übervölkerten Wohnviertel einer Großstadt. Dies ist seine pointierte Schlusseinsicht. Auf dieses überraschende Ende deuten eine Reihe von Gestaltungsmitteln hin: Das resümierende Schlusssignal „Und", die typografischen Zeichen des letzten Satzes, nämlich der Gedankenstrich zu Beginn des 2. Terzetts und der Doppelpunkt vor dem resümierenden Schlusswort „alleine", und auch die verzögerte Nennung des Subjekts und dessen Befindlichkeit am Ende der letzten Zeile.

resümierendes **Schlusssignal**

pointierte Schlusseinsicht des Sprechers

typografische Zeichen

Satzbau

Insgesamt kennzeichnet der Sprecher in Wolfensteins Gedicht das Leben in der Großstadt als menschenunwürdig. Die Vereinzelung der Menschen in der urbanen Massengesellschaft führt zur Auflösung der Gemeinschaft und zur Zerstörung des Ichs.

Rückkehr zur **Deutungshypothese**

Verifizierung und Vertiefung

2. *Für die Lösung der Aufgabe 2 ist es notwendig, dass du dein* ***Kontextwissen*** *zur Entstehungszeit des Gedichts auffrischst, z. B. mit Bezug auf*
   - *gesellschaftliche Umbrüche im Zuge der Industrialisierung (Landflucht, Urbanisierung) um die Jahrhundertwende (19./20. Jahrhundert),*
   - *die pessimistische Grundstimmung des Gedichts als Zivilisationskritik des literarischen Expressionismus (kultureller Verfall, Verlust an sozialen Bindungen).*

   Dabei solltest du deine Kenntnisse nicht umfangreich reproduzieren, sondern mit Blick auf die Thematik dieses Gedichts gezielt und in relevanten Ausschnitten anbieten. Stelle also deshalb bereits in der ***Einleitung*** *dieser Aufgabe einen Zusammenhang zwischen dem Gedichttext und dem Kontext seiner Entstehungszeit her:*

   Beispiel:
   Das Gedicht nimmt kritisch Bezug auf wirtschaftliche Entwicklungen seiner Entstehungszeit und deren gesellschaftliche Folgen.

   Stelle auch im nachfolgenden Text immer wieder Bezüge zu der Thematik des Gedichts her.

Wolfenstein zeichnet ein düsteres Bild des Großstadtlebens zu Beginn des 20. Jahrhunderts. Das Gedicht nimmt kritisch Bezug auf wirtschaftliche Entwicklungen seiner Entstehungszeit und deren gesellschaftliche Folgen.

Verbindung zwischen Text und Kontext

Die Kritik des Sprechers an der urbanen Massenbevölkerung (vgl. das 1. Quartett) bezieht sich auf die Verstädterung, die

Verknüpfung mit **Kontextwissen** in ausgewählten Ausschnitten bereits vor der Wende vom 19. zum 20. Jahrhundert in Deutschland einsetzte. Die Gründe für die Landflucht lagen in der Mechanisierung der Landwirtschaft, die vielen Landarbeitern die Arbeitsstellen nahm, und der Industrialisierung im städtischen Umfeld, die neue Arbeitsplätze schuf und ehemaligen Landarbeitern einen Weg aus dem sozialen Abstieg bot. Der Zuwachs der Stadtbevölkerung in schon vorhandenen Großstädten wie Berlin, Hamburg und München oder in neuen Städten wie im Ruhrgebiet führte zu der Wohndichte, wie sie Wolfenstein in seinem Gedicht mit dem zentralen Bild der „Löcher eines Siebes" vergleicht. Durch den ständigen Bau neuer (Miets-)Häuser und Straßen dehnten sich die Städte immer weiter aus, freie, unbebaute Natur ging verloren.

Verstädterung

Land-Stadt-Wanderung

Massen-unterbringung

Mit der Arbeitsplatzwanderung zu den industriellen Ballungsräumen entstand auch eine neue gesellschaftliche Schicht, nämlich die der Industrie- und Fabrikarbeiter. Deren Isolation und Anonymität ist in verschiedenen Bildern des Gedichts treffend eingefangen, v. a.: „in den Trams die zwei Fassaden/Leute" (Z. 6 f.), „still in dick verschlossner Höhle" (Z. 12) und „alleine" (Z. 14). Die neuen Stadtbewohner waren vielfach Stadtzuwanderer aus kleineren Städten oder, im Zuge der Landflucht, Zuwanderer aus fernen ländlichen Regionen. Sie litten vielfach unter sozialen, kulturellen oder sprachlichen Anpassungsschwierigkeiten im neuen städtischen Lebensraum.

Arbeitsplatzwanderung

Anonymität

Als offensichtlicher Anhänger der kulturpessimistischen Richtung innerhalb des literarischen Expressionismus klagt der Dichter durch seinen Sprecher in „Städter" Fehlentwicklungen seiner Zeit an: die Großstadt als Ort der Ich-Zerstörung.

Generalisierende Zusammenfassung

NRW – Zentrale Prüfungen am Ende von Klasse 10 an Gymnasien – Deutsch
Übungsaufgabe 5: Analyse eines Gedichts

Jürgen Becker
Das Fenster am Ende des Korridors

Der Himmel, die Landschaft, der Fluß:
das Bild am Ende des Korridors.
Links und rechts die Appartements;
Die Feuerlöschanlage. Das Summen des Aufzugs.

Die Zeit nach Büroschluß. Abweisende Gesichter,
kein Wort und keine Zärtlichkeit.
Jemand wird den Anfang machen
und an seiner Tür vorbeigehen
und weitergehen durch das Bild
hinaus in den Raum zum Fliegen.

In: Jürgen Becker, Erzähl mir nichts vom Krieg. Suhrkamp, Frankfurt am Main, 1977, S. 21

Anmerkungen

Jürgen Becker (*1932) gehört zu den deutschen Lyrikern, die in den 1970er-Jahren Alltagslyrik verfassten. In der Beschreibung von alltäglichen Ereignissen und Erfahrungen wandten sie sich von der politischen Lyrik der 60er-Jahre ab und prägten eine Neue Subjektivität. Die Dichter dieser neuen Richtung waren der Überzeugung, dass eine Veränderung der gesellschaftlichen Verhältnisse nicht über Protest und politische Agitation herbeizuführen sei, wie es die Studentenbewegung der 60er-Jahre noch vertreten hatte. Sie meinten vielmehr, dass Veränderungen nur durch den Einzelnen erfolgen könnten, durch seine Auseinandersetzung mit seinen Lebensgewohnheiten.

Arbeitsaufträge

1. Analysiere dieses Gedicht.
2. Wie stellst du dir „das Bild am Ende des Korridors“ vor? Gestalte ein persönliches „Bild“ von einem „anderen“ Stadtleben, als es die Menschen in Beckers Gedicht führen.

Lösungsvorschlag

1. *Zur Lösung der **textanalytischen** Aufgabe 1 gehst du in der Vorbereitung deines Textes am besten aus von den auffälligen*
   - *Elementen der Gedichtkomposition, z. B.*
     - *Rahmenbildung durch Z. 1 und 10 (Darstellung von Raum)*
     - *Wechsel von Statik (Z. 1–6: Nominalgruppen, keine Verben) zu Dynamik (Z. 7–10: Verbalgruppen)*
   - *Stilmerkmalen, z. B.:*
     - *dem durchgehenden Gebrauch des bestimmten Artikels (Z. 1–5)*
     - *der Anonymisierung der Menschen (Z. 5, 7)*
     - *elliptischen Sätzen (vgl. die fehlenden Satzteile in Z. 1–6)*
     - *Satzreihen (vgl. Verknüpfungen durch „und", Z. 7–10)*
   - *Gattungsmerkmalen, z. B.:*
     - *dem lyrischen Ich als verborgenem Beobachter*
     - *Zeilenstil (Zusammenfall von Satz- bzw. Satzteilende und Zeilenende, Z. 1– 6)*
       Zeilensprung oder Enjambement (Übergang des Satz- und Sinnzusammenhangs von einer Verszeile in die folgende, sodass Satz- und Versende nicht zusammenfallen, Z. 7–10).

   *Bei der Planung und Ausführung deines **Schreibprozesses** kannst du die folgenden Überlegungen anstellen:*

   a) *Wie kannst du in der **Einleitung** das Gedicht in seinen Entstehungskontext einbetten? Z. B. durch Hinweis auf die Lyrikrichtung der 1970er-Jahre (vgl. „Anmerkungen").*
   Beispiel:
   Das Gedicht … von … gehört zur Alltagslyrik der 1970er-Jahre. Dichter thematisieren in diesem Jahrzehnt alltägliche Erfahrungen von Menschen, z. B. am Arbeitsplatz, in ihrem städtischen Umfeld, in der Familie, im Umgang mit Technik, in der Freizeit, …

   b) *Welches **Thema** kannst du nach mehrmaliger Lektüre und ersten Untersuchungen der oben genannten Textelemente erkennen und als **Deutungshypothese** in der **Einleitung** deines Textes formulieren?*
   Beispiel:
   Der Sprecher in Beckers Gedicht scheint einen Ausblick auf die Befreiung des Stadtbewohners von der täglichen Routine seines Arbeitsalltags und seines Lebens in anonymen Hochhaussiedlungen geben zu wollen.

   c) *In welcher Abfolge willst du die einzelnen Untersuchungsaspekte (s. o.) behandeln, mit denen du deine Deutungshypothese nachweisen kannst? Gib in der **Einleitung** deines Textes auch einen **Hinweis** auf den Gang deiner*

Untersuchungen.
Beispiel:
Auf diese Deutung lassen verschiedene textgestaltende Mittel schließen: die Komposition des Gedichts, die Sprecherperspektive und der Satzbau.

d) *Wie kannst du den* ***Hauptteil*** *deines Textes gestalten? Du untersuchst sprachliche und kompositorische Mittel in der angekündigten Reihenfolge.*

e) *Wie kannst du deinen* ***Schluss*** *schreiben? Z. B. indem du*
- *deine Deutungshypothese bestätigst oder modifizierst,*
- *die Ergebnisse deiner Textuntersuchung genereller formulierst, also eine Abstraktion der konkreten Einzelergebnisse anstrebst, und*
- *die Intention des Sprechers ermittelst.*

Einleitung
Generelle Einbettung in den Entstehungskontext

Jürgen Becker schrieb das Gedicht „Das Fenster am Ende des Korridors“ in den 1970er-Jahren, in einer Zeit, als Dichter so genannte Alltagslyrik verfassten, d. h. alltägliches Geschehen zum Gegenstand von Lyrik machten. Sie wollten erreichen, dass Menschen über ihre Lebensgewohnheiten nachdachten, um diese positiv zu verändern.

Deutungshypothese

Das Gedicht erinnert in seiner Gestaltung an ein „Fenster“, das einen Ausblick auf die Befreiung des Stadtbewohners von der täglichen Routine seines Arbeitsalltags und seines Lebens in anonymen Hochhaussiedlungen bietet. Auf diese Deutung lassen verschiedene auffällige textgestaltende Merkmale schließen: die Gedichtkomposition, die Sprecherperspektive und der Satzbau mit einigen Stilvarianten.

Planung des methodischen Vorgehens

Hauptteil
Gedichtkomposition
Wörter mit der Bedeutung „Raum“

Die erste und letzte Zeile des Gedichts enthält jeweils Wörter, die mit dem Begriff „Raum“ und der Vorstellung von Grenzenlosigkeit in Verbindung stehen: „Himmel“ bzw. die Umschreibung „Raum zum Fliegen“. Durch diese Rahmenbildung lässt sich das Gedicht selbst symbolisch als „Fenster“ verstehen, das einen begrenzten Ausblick auf einen Lebens- bzw. Vorstellungsraum freigibt, der über die engen Wohn- und Lebensverhältnisse in der dichten städtischen Bebauung hinausgeht. Leser/innen sollen offensichtlich durch eine genaue Betrachtung des Gedichtinhalts innerhalb dieses „Rahmens“ dazu angeregt werden, einen Ausweg aus einer unbefriedigenden Großstadtexistenz zu finden, wie sie sich im Gedicht z. B. in den zahllosen monotonen Appartements widerspiegelt. Dies zeigt sich auch an der unbestimmten Raumvorstellung am Gedichtende (Z. 10), die mehrere Deutungsmöglichkeiten offen lässt.

Das lyrische Ich selbst bleibt verborgen in diesem Gedicht. Als indirekter Beobachter lässt es sich jedoch in der genauen Beschreibung des Wohnhauses und dessen Einbettung in eine „Landschaft“ mit „Fluss“ erkennen. Neben dieser realistisch nachvollziehbaren, eingrenzenden Raumperspektive entwirft dieser implizite Sprecher auch eine offene, nicht raumgebundene Zukunftsvision: „Jemand wird den Anfang machen“ (Z. 7). Er regt dazu an, sich ein eigenes „Bild am Ende des Korridors“ (Z. 2) zu machen, von einem Leben jenseits des uniformen städtischen Wohnens und gleichförmigen Tagesablaufs. Diese Wohn- und Lebenssituation spiegelt sich in dem Raumsymbol „Korridor“ mit seinen „links und rechts“ angeordneten „Appartements“ (Z. 2 f.) wider. Er lenkt den Blick in eine neue Richtung, die Möglichkeiten bietet, neue Erfahrungen zu machen, neue Menschen kennen zu lernen und an sich selbst neue Entwicklungen zuzulassen, wie an den Verben „vorbeigehen“ (Z. 8) und „weitergehen“ (Z. 9) oder an dem Verbalsubstantiv „zum Fliegen“ (Z. 10) deutlich wird.

Sprecherperspektive

Raumperspektive

Tempus

Symbol

Verben der Bewegung

Die beiden gegensätzlichen Raumdimensionen in diesem Gedicht – städtischer Wohnraum (Z. 2–6) und „Raum zum Fliegen“ (Z. 7–10) – werden durch unterschiedliche Satzbauweisen in ihrer Verschiedenartigkeit noch unterstrichen. Die elliptische Satzstruktur im ersten Teil des Gedichts (Z. 1–6) greift einzelne architektonische Elemente eines eng begrenzten Wohnraums auf. Auf einer der oberen Etagen eines Hochhauses, das durch „das Summen des Aufzugs“ (Z. 4) und die vorhandene „Feuerlöschanlage“ (Z. 4) als solches zu erkennen ist, säumen kleinere Wohneinheiten (Z. 3) beide Seiten eines Korridors, mit nur geringem Einfall natürlichen Lichts. „Das Fenster“, konkret als Bauelement verstanden, befindet sich erst „am Ende des Korridors“. Diese Wohneinheiten scheinen auf einem Reißbrett entstanden zu sein, in einheitlichen Grundrissen, was durch das Zusammenfallen von Zeilenende und Satzteilende im Zeilenstil lyrisch dargestellt wird. Dies ist typisch für die Anlage von Wohnkomplexen in Hochbauweise, wie der Gebrauch des bestimmten Artikels, der alle Bauelemente als typisch und uniform ausweist, belegt. Belebt wirken diese Wohneinheiten nicht, Verben oder Prädikate als Ausdruck von Tätigkeiten fehlen im elliptischen Satzbau. Selbst am Ende eines Arbeitstages,

Satzbau und Stilmittel

Ellipsen

Zeilenstil

bestimmter Artikel

fehlende Verben

„nach Büroschluss“ (Z. 5), kommt mit den heimkehrenden Bewohnern keine Bewegung auf, sind keine Geräusche wahrnehmbar. Die mangelnde Kommunikation unter den Nachbarn wird durch das „Summen des Aufzugs“ (Z. 4) ersetzt.
Die Bewohner leiden unter Isolation und Vereinsamung. Darauf verweist eine Reihe anderer Stilmittel innerhalb der elliptischen Syntax dieses Gedichtteils. Die Hausbewohner leben anonym auf den Etagen. Statt ihre Namen oder ihr vollständiges Erscheinungsbild kennen zu lernen, nimmt der Leser sie aus dem Blickwinkel des Sprechers nur als „Gesichter“ (Z. 5) wahr, d. h. nur Teile der ganzen Persönlichkeit *(pars pro toto)*. Sie vermeiden Blickkontakte (Z. 5: „abweisende Gesichter“), Grußworte oder Gespräche (Z. 6: „kein Wort“). Es mangelt ihnen an Kommunikationsbereitschaft, wie sie unter Nachbarn, vor allem in der Enge eines Hausflurs (oder eines Aufzugs), zumindest aus Höflichkeit üblich wäre. Offensichtlich schlägt sich die mangelnde Kontaktfähigkeit auch im privaten Bereich nieder, als menschliche Gleichgültigkeit und emotionale Kälte zwischen Partnern oder Familienmitgliedern, die „keine Zärtlichkeit“ (Z. 6) zulässt. Die Menschen in dieser anonymen Wohngemeinschaft leben im gleichförmigen Rhythmus ihres Arbeitsalltags im Büro (Z. 5), in routinierten Abläufen, vielleicht auch in Hektik und unter großer Belastung, wie die Reihung von mehreren aufeinander folgenden Nominalgruppen in Z. 4–6 aufzeigt. Sie sind scheinbar zu erschöpft und ausgezehrt, um privat innige menschliche Beziehungen zu pflegen.

Teil des Ganzen
(pars pro toto)
Negationen
Reihung von Nominalgruppen

Die fließende Satzstruktur im zweiten Teil des Gedichts, die sich in der Satzreihe in Z. 7–10 ausdrückt, führt Hochhausbewohner gleichsam aus der Enge ihrer Wohn- und Arbeitswelt hinaus. In der Vorstellung des Sprechers wird „Jemand [...] den Anfang“ machen (Z. 7), d. h. aus seiner Lebensweise in geordneten Bahnen ausbrechen und in Eigenverantwortung handeln, noch ohne genaues Ziel, aber mit dem Willen, Bewegung und neue Perspektiven in die erstarrte Lebensform eines Städters zu bringen. Dies verdeutlichen die vier Zeilen überschreitenden Zeilensprünge, die Satzreihung mit wiederholtem „und“ sowie die Verben des Gehens. Sie sind Anzeichen für Aufbruch und Dynamik. Allerdings geht es bei diesem neuen Lebensentwurf nicht darum, den Kontakt zum Nachbarn zu suchen, wie die richtungweisenden Verben

Satzreihen
Zeilensprünge
Konjunktion „und“
Verben der Bewegung

„vorbeigehen" (Z. 8) und „weitergehen" (Z. 9) zu verstehen geben, sondern zunächst um eine individuelle neue Lebensgestaltung außerhalb der engen Wände eines Wohnkomplexes und ohne die Anspannung durch ein fest gefügtes Arbeitsleben: „durch das Bild/hinaus in den Raum zum Fliegen" (Z. 9f.).

Fazit

Bestätigung der Deutungshypothese und **Generalisierung** der Ergebnisse

Die Stadt erscheint dem Sprecher insgesamt als menschenfeindliche Lebensform. Sie lässt weder Raum für ein gesellschaftliches Miteinander noch für eine Entfaltung der Persönlichkeit. Die Isolation des Stadtmenschen von einem natürlichen Lebensraum und seine zwanghafte Einbindung in wirtschaftliche Prozesse haben ihn von einer sinnerfüllten Lebensform abgeschnitten. Diesem Verständnis zufolge ließe sich „Das Fenster am Ende des Korridors" nicht nur real als bauliche Einrichtung, sondern auch metaphorisch verstehen: als Ausblick auf eine verloren gegangene Verbindung von Mensch und Natur.

Ermittlung der **Intention** des Sprechers

Der Sprecher richtet seinen Appell, das „Bild" eines menschenwürdigeren Daseins zu verwirklichen, an den Mut des Stadtbewohners, sein Leben ändern zu wollen. Die Herausforderung dabei besteht wohl weniger darin, durch Flucht aus dem städtischen Milieu eine angemessenere Lebensform zu finden, etwa durch die Aufgabe einer bürgerlichen Existenz, wie sie sich beispielsweise in einem geordneten Tagesablauf, der beruflichen Routine oder der bekannten Wohnumgebung zeigt. Vielmehr scheint der Sprecher in Beckers Gedicht Leser dazu anregen zu wollen, ihre eigene utopische Gegenwelt innerhalb des gegebenen städtischen Wohn- und Arbeitsumfeldes zu verwirklichen.

2. *Zur Lösung von Aufgabe 2 kannst du auf deine eigenen* ***Kenntnisse*** *von städtebaulichen Entwicklungen zurückgreifen, die seit der Entstehungszeit des Becker-Gedichts (in den 1970er-Jahren) stattgefunden haben, etwa:*
   - *Zurücknahme der Hochbauweise für Mietwohnungen*
   - *Fassaden- und Dachbegrünungen, Wohnhäuser mit Grünanlagen*
   - *ausgedehnte Grünflächen auch im (Innen-)Stadtbereich*
   - *Umwandlung von innerstädtischen Zechengeländen und anderen Industrieanlagen zu Freizeitparks, Kulturzentren und „Event"-Stätten*

*Hiermit erreichst du eine **Aktualisierung** des Gedichts aus den 70er-Jahren. Als **Beispiel** kannst du auf Projekte aus deinem eigenen Wohnumfeld (Heimat- oder Nachbarstadt) verweisen.*

Bei der Gestaltung deines persönlichen „Bildes" vom Stadtleben hast du die Möglichkeit, neben sachlichen Darstellungen (z. B. einen Bericht über ein Städtebauprojekt) auch subjektive Formen der Darstellung zu wählen (z. B. einen persönlichen Kommentar oder die subjektive Schilderung einer Stadtszene). Gib in jedem Falle deinem Text eine zugkräftige Überschrift, die als Leseanreiz dienen kann.

Landschaftsutopie in der Metropole?

Zugkräftige **Überschrift**

In Jürgen Beckers Gedicht aus den 1970er-Jahren beklagt der Sprecher die unzumutbaren Lebensumstände, die Menschen in der Stadt in die soziale Isolation treiben. Vor allem die Trennung der Stadtbewohner von Natur und Landschaft scheint ihm dabei ein zivilisatorisches Grundübel zu sein.

Aktualisierung der Problematik

Knapp drei Jahrzehnte nach seiner Erstveröffentlichung trifft Beckers Gedicht zwar immer noch gültige Aussagen über das Leben von Menschen in Ballungszentren einer größeren Stadt. In Presseberichten liest man immer wieder, dass Menschen in anonymen Großstadtsiedlungen vereinsamen und es kaum nachbarschaftlichen Zusammenhalt gibt.

Eröffnung des **Kommentars**

These

Begründung

Doch hat die städtebauliche Entwicklung seit den 1970er-Jahren deutliche Veränderungen ergeben, von denen ich meine, dass sie das Leben in der Stadt naturnaher gestaltet haben. Die utopische Sicht des Sprechers in Beckers Gedicht hat sich insofern in Teilen verwirklicht, als der Trend sowohl zu urbanen Ballungsräumen, wie er zu Beginn des 20. Jahrhunderts zu erkennen war, als auch zu Wohnsilos in Betonbauweise, die nach dem 2. Weltkrieg entstanden, gegen Ende des 20. Jahrhunderts als überholt angesehen werden kann. Zu einem Einzug der Natur zurück in den städtischen Lebensraum haben vor allem städtebauliche Maßnahmen wie eine Zurücknahme der Hochbauweise für Mietwohnungen, Fassaden- und Dachbegrünungen, Wohnhäuser mit Grünanlagen, ausgedehnte Grünflächen auch im (Innen-)Stadtbereich oder die Umwandlung von innerstädtischen Zechengeländen und anderen Industrieanlagen zu Freizeitparks, Kulturzentren und „Event"-Stätten geführt.

Ein aktuelles Beispiel für ein ökologisch gut durchdachtes Städtebauprojekt ist Dortmund. Hier ist geplant, nach dem schrittweisen Abbau des Stahlwerks Hoesch in den 1980er- und 1990er-Jahren, das sich in einem Stadtteil nahe dem Zentrum befand, eine Wohnsiedlung auf dem ehemaligen ausgedehnten Industriegelände zu errichten. Bis etwa 2010 sollen hier Einzelhäuser in Niedrigbauweise auf großzügigen, üppig begrünten Grundstücken entstehen, die sich um einen künstlichen See mit Uferpromenade und Wander- wie Joggingpfaden gruppieren. Das Projekt trägt den bezeichnenden Namen „Phoenix-See". Dies ist zum einen ein Name mit Lokalcharakter, denn er erinnert an den so bezeichneten Standort des ehemaligen Hoeschwerks in Dortmund und damit an die industriellen Anfänge, aus denen Dortmund sich zu einer Großstadt entwickelt hat. Zum anderen wollten die verantwortlichen Städtebauer wohl bewusst auf den Wundervogel aus der römischen Mythologie anspielen, der sich in bestimmten Abständen selbst verbrennt, um aus der Asche wieder neu und verjüngt aufzuerstehen.

Städtebauliches **Beispiel** aus eigener Kenntnis / Erfahrung

Mit diesem in die Landschaft eingebetteten Wohnprojekt inmitten einer Großstadt könnte in der Tat eine traditionelle Lebensform wieder belebt und zugleich neu, d. h. zeitgemäß für das neue Jahrhundert, definiert werden: der Mensch in einem naturgemäß gestalteten Wohnumfeld und doch in unmittelbarer Nähe zur Großstadt, die ihm Arbeit, Versorgung, Bildung, Kultur und Unterhaltung bietet.

Fazit zeitgemäße Bedeutung der Stadt

Heißes Pflaster

Verkehr und dichte Bebauung machen Städte zunehmend zu Hitzeinseln. Im Sommer kann das gegenüber dem Umland bis zu zehn Grad ausmachen – eine Bedrohung für kranke Menschen

Von WOLFGANG W. MERKEL

Der Februar war fast ein Grad kälter als im langjährigen Mittel, und auch die vergangenen Tage brachten wieder tiefe Temperaturen. Wer die Winterkälte nicht mag, kann von Glück sagen, wenn er wenigstens Städter ist. Denn Städte sind Wärmeinseln: Die Abwärme der Zivilisation sorgt für moderate Temperaturen, ebenso die Eigenschaft von Beton, Asphalt und Pflaster, Sonnenwärme zu speichern. Im Hochsommer treibt dies den Städtern dann aber mächtig den Schweiß auf die Stirn.

„Das Phänomen der Wärmeinsel Stadt war schon in der Antike bekannt“, sagt Professor Gerd Jendritzky, bis zu seiner Pensionierung Chef des Bereiches Medizinmeteorologie beim Deutschen Wetterdienst (DWD) in Freiburg. „Die reichen Römer hatten aus diesem Grund ihre Sommervillen außerhalb der Stadt, vor allem in den Bergen.“

In den Ballungszentren steigen die Temperaturen sogar überproportional an – verglichen mit dem globalen Anstieg auf Grund des Klimawandels. Auf der Basis meteorologischer Daten hat die Umweltorganisation WWF die Temperaturentwicklung in den vergangenen 30 Jahren in 16 europäischen Hauptstädten zusammengestellt. Ergebnis: Während die globalen Durchschnittstemperaturen in 100 Jahren (während des 20. Jahrhunderts) infolge des Klimawandels um 0,6 °C kletterten und in Europa um 0,95 Grad, stiegen die Stadttemperaturen innerhalb von nur 30 Jahren im gleichen Maß oder teilweise noch stärker. [...]

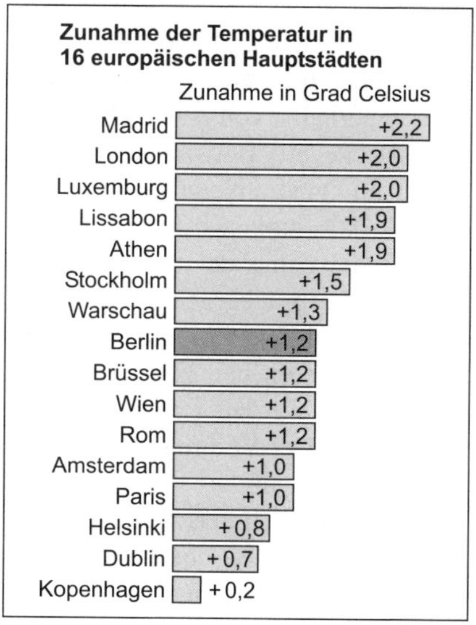

„Die Gründe für den besonderen Temperaturanstieg in Städten liegen vor allem in der veränderten Architektur, im Städtebau und in gewandelten Lebensgewohnheiten", sagt Kuttler [Klimatologe an der Universität Duisburg-Essen]. Die Städte fangen mehr Sonnenenergie ein als das Umland und speichern diese gut. Sie produzieren aber auch selbst jede Menge Wärme. In der Neuzeit wurden die Städte immer weiter verdichtet, und zugleich hat sich innerhalb von 40 Jahren die Wohnfläche pro Bewohner von etwa 20 auf 50 Quadratmeter mehr als verdoppelt. „Dadurch wird mehr Wohnraum beheizt und beleuchtet. Zudem sind die Ansprüche gestiegen: Heute sitzt man nicht bei 18 Grad im Wohnzimmer, sondern bei 22 bis 23 Grad. Im Sommer werden Räume häufiger klimatisiert. Der Verbrauch an Warmwasser ist ebenfalls stark angestiegen", erläutert Kuttler. Das alles produziere Abwärme, ebenso wie der Straßenverkehr, dessen Kilometerleistung sich innerhalb von 40 Jahren etwa verdoppelt hat.

Parallel dazu betonierte und überbaute man die Böden, es verschwanden Grünflächen. Dieser Trend wurde erst vor wenigen Jahren gestoppt. Häuser und Straßen aus Beton, Stein und Asphalt speichern Wärme aber besonders gut. Diese Energie wird nachts verzögert wieder in die Straßen zurückgegeben. Die Städte sind deshalb vor allem nachts wärmer als ländliche Regionen. „Offene Flächen am Stadtrand und im Umland wie Äcker oder Grünland können ein vergleichbares Tagestemperaturniveau wie die Innenstadt haben, die nächtliche Abkühlung ist jedoch sehr unterschiedlich. Das kann sich in sommerlichen Nächten insbesondere für Personen mit Kreislaufproblemen auf den Schlafkomfort stark auswirken", sagt Jörn Welsch von der Berliner Senatsverwaltung für Stadtentwicklung.

Der Trend zu hohen Häusern vergrößert die Oberfläche der Bebauung. Wände, Glasfassaden, Häuserschluchten: Die dichte Bebauung fängt die an Gebäuden reflektierte Licht- und Wärmestrahlung, statt daß diese in den Himmel zurückgestrahlt wird. „Nicht zuletzt vermindert dichte, hohe Bebauung den Austausch durch Wind und macht Städte so zu Wärmefallen", erklärt Wilhelm Kuttler.

Merklich ist auch ein weiterer Effekt der Bodenversiegelung: Niederschläge fließen schnell ab. Der Boden nimmt sie nicht auf, so daß die Feuchtigkeit nach und nach verdunsten könnte. Ein Teil der Verdunstungskälte fällt deshalb weg. Ähnlich der Effekt der vergleichsweise spärlichen Vegetation. Weniger Pflanzen heißt: weniger Photosynthese und weniger Verdunstung von Wasser an den Blattoberflächen. Weniger Bäume beschatten auch weniger. Zur Wärme der Luft kommt deshalb die Wärme der direkten Sonnenstrahlung auf der Haut und auf den Böden – und die haben eine hohe Wärmespeicherkapazität. [...]

All diese Effekte machen Städte je nach Größe im Jahresmittel etwa zwei Grad wärmer als ländliche Regionen. Keine wirklich relevante Größe, möchte man meinen. Was Menschen in ihrem Wohlbefinden beeinflußt, sind aber vor allem starke Abweichungen vom Durchschnitt nach oben. Besonders Menschen mit Herz- und Kreislaufproblemen leiden unter sommerlichen Hitzewellen. Das macht sich auch in den Todesfallstatistiken bemerkbar. Im Winter dagegen sind die milderen Temperaturen der Stadt etwas gesünder – was allerdings durch die dann höhere Schadstoffbelastung relativiert werden muß. [...]

[...] Man dürfe aber auch die positiven Aspekte des städtischen Klimas nicht übersehen, meint Wilfried Endlicher [Stadtökologe]: „Städter haben geringere Heizkosten, die Straßen sind seltener vereist, und der Frühling zieht früher ein.“ Bis zu 30 Prozent kürzer als auf dem Land fällt die Frostperiode aus, und es gedeihen auch submediterrane Pflanzen.

[...] Nicht zuletzt profitieren viele Menschen ganz profan und genußbetont von der Wärme der Stadt: Als Nachtschwärmer lieben sie die lauen Sommerabende. Die Wärmeinsel beschert ihnen eine angenehme Zeit beim Flanieren und in Straßencafés.

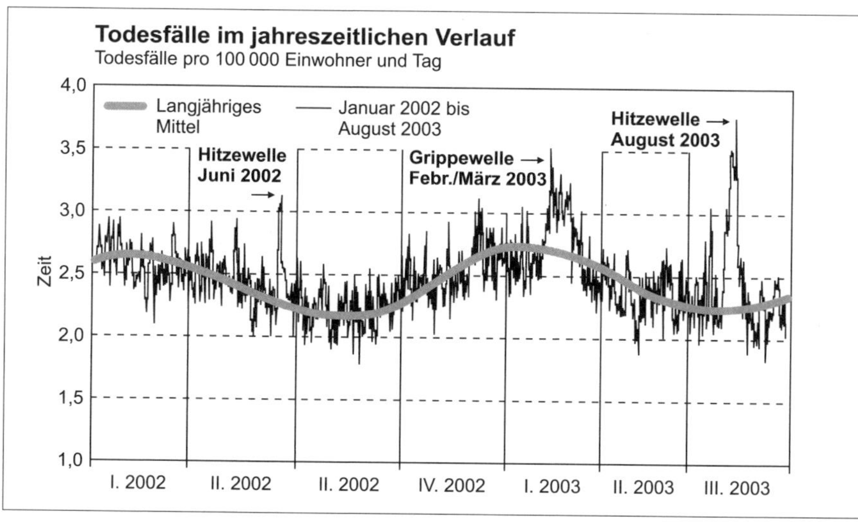

Todesfälle im jahreszeitlichen Verlauf
Todesfälle pro 100 000 Einwohner und Tag

Aus: DIE WELT, 4. März 2006

(755 Wörter)

Anmerkungen:
9 *moderat* gemäßigt **19** *Meteorologie* Lehre von Wetter und Klima **49** *Klimatologe* Wissenschaftler, der das Klima erforscht **114** *Photosynthese* Aufbau chemischer Prozess, in dem Pflanzen aus der Luft Kohlendioxid (CO_2) aufnehmen und unter Lichteinwirkung in lebenswichtigen Sauerstoff (O_2) umwandeln und an die Luft zurückgeben **125** *relevant* wichtig **138** *relativieren* einschränken **147** *submediterran* nahe der Gebiete mit Mittelmeerklima, aber nördlich davon **150** *profan* (hier:) alltäglich **155** *Flanieren* Spazierengehen, genussvolles Umherschlendern durch Straßen und Passagen einer Großstadt mit gelegentlichem Verweilen an interessanten Stellen

Arbeitsaufträge

1. Der Titel „Heißes Pflaster" mag dir ungewöhnlich für eine wissenschaftliche Berichterstattung vorkommen. Welche Leseerwartungen weckt er in dir? Lies den Artikel, vergleiche seinen Inhalt mit deinen Erwartungen, und erkläre, mit welcher Intention der Journalist diese Überschrift für seinen Beitrag in einer überregionalen deutschen Tageszeitung gewählt haben könnte.
2. Der Klimaforscher nennt drei Ursachen für den „Temperaturanstieg in Städten" (Z. 45 f.). Fasse in je einem Satz diese drei Gründe zusammen.
3. In die Fülle der Daten und Informationen fügt der Journalist nur zwei Grafiken ein. Erläutere deren Funktion im Zusammenhang dieses Textes.
4. Stadt und Land haben in dieser Klimastudie einen unterschiedlichen Stellenwert. Schreibe auf der Grundlage der Textinformationen eine persönliche Empfehlung für Wohnen in der Stadt oder auf dem Land. Setze dabei individuelle Schwerpunkte und vermeide eine Schwarz-Weiß-Malerei.

Lösungsvorschlag

1. *Bei der Lösung von Aufgabe 1 gehst du am besten so vor:*
   - *Du klärst die Bedeutung der Metapher „heißes Pflaster" im* ***allgemeinen Sprachgebrauch****, also unabhängig von dem Zeitungsartikel.*
   - *Bei deiner Lektüre des Artikels achtest du dann darauf, auf welche Bedeutungsaspekte des Ausdrucks „heißes Pflaster" sich die Ausführungen des Journalisten beziehen, d.h. ob es* ***Abweichungen*** *oder* ***Übereinstimmungen*** *gibt.*
   - *Vergleiche schließlich deine Erwartungen an den Text mit den tatsächlichen Informationen, die der Verfasser dir anbietet. Aus diesem Vergleich kannst du erschließen, mit welcher* ***Intention*** *er dieses sprachliche Bild als Titel für eine wissenschaftliche Berichterstattung wählt.*

Für seinen wissenschaftlichen Bericht über Forschungsergebnisse der Klimatologie in einer überregionalen Zeitung der anspruchsvollen Presse (DIE WELT) wählt der Journalist einen ungewöhnlichen, da auch metaphorisch zu verstehenden Titel.

Generelle Einbettung des Artikels in seinen Publikationskontext

Die wörtliche Bedeutung von „Pflaster" als „Straßenbelag" verweist auf einen städtischen Kontext. Im allgemeinen Sprachgebrauch jedoch wird „heißes Pflaster" metaphorisch gebraucht. Dieses umgangssprachliche Bild bezieht sich auf Lebensbereiche in der (Groß-)Stadt, die als gefährlich eingeschätzt werden. Es werden dort Geschäfte betrieben, die sich am Rande oder jenseits der Legalität bewegen. Dazu gehören etwa Prostitution, Verkauf von geschmuggelter oder gestohlener Ware, Drogenhandel, Wettgeschäfte, Glücksspiele, Schutzgelderpressung. Wer sich in diesen großstädtischen Milieus nicht gut auskennt oder nicht genügend Geld und Beziehungen hat, die ihn schützen, kann zu Schaden kommen: körperlich (Verletzung, Krankheit, Tod), wirtschaftlich (Verlust, Verschuldung, Ruin), psychisch (Abhängigkeit, Verlust von Menschenwürde) und auch gesellschaftlich (Gefängnisstrafe). Trotz des hohen Risikos geht jedoch auch eine gewisse Faszination von einer Stadt als „heißem Pflaster" aus, wie etwa die attraktive Vorstellung, möglicherweise auf schnelle Weise zu viel Geld zu kommen.

Worterklärung im allgemeinen Sprachgebrauch

Der Journalist greift in seinem Forschungsbericht die beiden Grundbedeutungen der Metapher „heißes Pflaster" auf, nämlich „Gefahr" und „Verlockung", stellt diese aber in einen

Überleitung zum Forschungsbericht

neuen Zusammenhang, nämlich die Klimaentwicklung in städtischen Ballungsgebieten. Dabei hebt er deutlich die Gefahren wie beispielsweise Überhitzung im Sommer oder das Gesundheitsrisiko für ältere und kranke Menschen gegenüber den Annehmlichkeiten wie milderen Wintern oder lauen Sommerabenden in Straßencafès hervor.

Überraschenderweise greift der Verfasser „heißes Pflaster" auch in seiner wörtlichen Bedeutung auf, und zwar als Wärme speichernde Fläche „aus Beton, Stein und Asphalt" (Z. 76 f.). Hierauf bezieht sich nämlich der anspruchsvolle Inhalt seiner wissenschaftlichen Berichterstattung.

Abweichung vom allgemeinen Sprachgebrauch

Mit der schillernden Metapher „heißes Pflaster" will der Journalist offensichtlich zur Lektüre eines längeren Forschungsberichts verlocken. Selbst wenn er voraussetzen kann, dass Leser/innen einer überregionalen Zeitung der Qualitätspresse eine gewisse Vorbildung auch für wissenschaftliche Sachverhalte mitbringen, hält er es offenbar für publikumswirksam, mit den Leseerwartungen zu spielen, um Aufmerksamkeit für ein ernsthaftes Problem zu erwecken.

Vermutete Intention des Verfassers

2. *Die Lösung der Aufgabe 2 kannst du mit dieser* ***Textmarkierung*** *vorbereiten: Du*
   - *markierst den Text mit grafischen Symbolen und Farben,*
   - *wählst je eine Farbe für die drei genannten Ursachen,*
   - *zeichnest ein Rechteck um jeden der drei Begriffe für die Ursachen der Klimaveränderung und Ellipsen um die jeweils zugeordneten Einzelinformationen,*
   - *verbindest durch Längslinien im Text je ein Rechteck mit den dazugehörigen Ellipsen: So siehst du den sachlichen Zusammenhang für jeden Grund der Klimaveränderung deutlich vor Augen.*

   Auf dieser Grundlage wird es dir leicht fallen, deine knappen ***1-Satz-Zusammenfassungen*** *zu schreiben. Damit deine Sätze nicht zu lang und unübersichtlich werden, bildest du am besten Satzreihen (also gleichordnende oder reihende Verknüpfungen) und keine komplizierten Satzgefüge (mit unterordnenden Nebensätzen).*

Verantwortlich für „den besonderen Temperaturanstieg in Städten" (Z. 45 f.) macht ein Klimatologe drei Gründe:

Thematischer Eröffnungssatz

(1) Die „veränderte[ ] Architektur“ (Z. 46) hat mit ihrem „Trend zu hohen Häusern“ (Z. 94), mit mehr Wänden, Glasfassaden und Häuserschluchten die „Oberfläche der Bebauung“ (Z. 95) vergrößert und hält daher „Licht- und Wärmestrahlung“ (Z. 98 f.) fest, statt sie zu reflektieren und in den Luftraum abzugeben. 1. Grund

(2) Der „Städtebau“ (Z. 47) hat Ballungszentren zu „Wärmefallen“ (Z. 103) gemacht, und zwar zunächst durch eine verdichtete Bauweise, die mit „Beton, Stein und Asphalt“ (Z. 76 f.) Wärme besonders gut speichert, und darüber hinaus infolge von „Bodenversiegelung“ (Z. 106), die durch Überbauung bzw. Betonierung von ehemaligen Grünflächen (Z. 72 ff.) zustande kommt, sodass Niederschläge schnell abfließen und nicht mehr verdunsten und die verbleibende „spärliche Vegetation“ (Z. 112 f.) weder Schatten spenden noch zusätzliche „Verdunstungskälte“ (Z. 110) erzeugen kann. 2. Grund

(3) „Gewandelte[ ] Lebensgewohnheiten“ (Z. 47 f.) produzieren mehr Abwärme durch drei Faktoren: zum einen durch eine vergrößerte „Wohnfläche pro Bewohner“ (Z. 57) (von 20 auf 50 qm), die beheizt und beleuchtet wird; zum anderen durch höhere Ansprüche an die Wohnwärme (22/23°C gegenüber 18°) bzw. Klimatisierung der Räume im Sommer; und letztlich auch durch eine erhöhte „Kilometerleistung“ (Z. 69) im Straßenverkehr mit mehr Abgasen der Fahrzeuge. 3. Grund

3. *Bei der Lösung der Aufgabe 3 beschäftigst du dich mit den grafischen Anteilen in diesem **diskontinuierlichen Text**, im Vergleich mit den nicht durch Grafiken unterstützten Textinformationen. So überlegst du, warum die Vielzahl der klimatologischen Angaben im Text ohne illustrierende Grafik auskommt, dagegen zwei ausgewählte Informationen (Temperaturanstieg in europäischen Großstädten, Todesfälle infolge der Sommerhitze) von Tabellen und Grafiken begleitet werden. Abschließend **beurteilst** du den Nutzen der hier verwendeten Tabelle und Grafik..*

Erläuterung der nicht durch Grafiken unterstützten Textinformationen

Auffallend ist, dass die Ursache-Wirkungs-Beziehungen, die zu einer Aufheizung der Innenstädte geführt haben, nicht durch Zeichnungen oder andere grafische Darstellungen illustriert werden. Offensichtlich sind die erläuterten physikalischen Sachverhalte auch für Nichtfachleute unter der Leserschaft einer überregionalen Tageszeitung so einleuchtend bzw. können von ihnen selbst im alltäglichen Leben erfahren werden, dass sie keiner zusätzlichen Veranschaulichung bedürfen. Als Gewährsleute für die Richtigkeit seiner fachlichen Ausführungen zitiert der Journalist verschiedene Wissenschaftler (einen Medizinmeteorologen, Klimatologen, Städteplaner, Stadtökologen).

Erläuterung der **durch Grafiken unterstützten Text-informationen**

Für das weitere Wirkungsfeld erhöhter Temperaturen in städtischen Ballungsgebieten, das der Einzelne weniger gut selbst überblicken kann, führt der Journalist dagegen Statistiken als überprüfbare (und vergleichbare) empirische Werte an. Eine erste Grafik illustriert die Temperaturentwicklung in europäischen Hauptstädten über einen Beobachtungszeitraum von 30 Jahren, im Vergleich zur weltweiten Temperaturentwicklung in den letzten 100 Jahren. Eine zweite Grafik gibt einen Überblick über die auf Sommerhitze zurückzuführenden Todesfälle in einem Beobachtungszeitraum von 2 Jahren, der mit einem langjährigen Mittelwert verglichen wird. Nachweisliche Zahlen und empirische Daten, wie sie in den beiden Grafiken aufgeführt werden, dienen dem Journalisten dazu, den behaupteten Zusammenhang zwischen ansteigender Hitze und einer größeren Anzahl an Sterbefällen stichhaltig zu belegen.

Beurteilung der Nützlichkeit von Tabellen und Grafiken

Die Statistiken haben eine unmittelbar ins Auge springende Beweiskraft für den jeweiligen Sachzusammenhang: z. B. die Sterbefallzahlen für Hitzewellen, die die Anzahl der winterlichen Grippewellenopfer durchaus übersteigen können, oder die europaweite Beobachtung der Temperaturanstiege in Hauptstädten, die Berlin nicht zu einem Einzelfall macht. Darüber hinaus ersparen Tabellen oder Grafiken dem Verfasser auch eine Vielzahl an einzelnen Zahlen- und Verhältnisangaben, die die Lesbarkeit seines Fließtextes beeinträchtigt hätten.

4. *Für die Lösung der Aufgabe 4 stellst du vorbereitend eine **Materialsammlung** auf, in der du Vor- und Nachteile des Lebens in der Stadt bzw. auf dem Land aus deiner Sicht mit entsprechender Markierung (+ für Zustimmung / – für Ablehnung) festhältst. Sammle auch **Fachvokabular** für ‚Stadt-Land'.*
*In deiner Empfehlung schreibst du aus **subjektiver Perspektive** und mit eigenem Erfahrungshintergrund. Du kannst auch witzige oder ironische Bemerkungen einfließen lassen, Szenen schildern, Beispiele anführen – kurz: alles, was werbend auf deine Adressaten einwirken kann. Wähle als städtisches **Beispiel** deine Heimatstadt oder – wenn du in eher ländlichen Gegenden wohnst – eine Nachbarstadt oder auch Berlin-Mitte (vgl. Foto). Um Schwarz-Weiß-*

Malerei zu vermeiden, kannst du auf ländliche Elemente wie z. B. auf Grüngürtel, Parks, Zoos, Gärten oder Alleen in deiner Stadt eingehen bzw. auf die attraktive Stadtnähe deines ländlichen Wohngebiets hinweisen.
*Überlege dir für deinen werbenden Text eine zugkräftige **Überschrift**.*

Wärmefalle oder Wärmeinsel?

Zugkräftiger **Titel**

Szenische Eröffnung

Friedrichstraße, Berlin-Mitte. Anfang August, 32°C im Schatten, 16:30 Uhr, *rush hour* in der Hauptstadt. Durch die Häuserschluchten quälen sich in jede Fahrtrichtung zweispurige Autoschlangen im Schritttempo. Dazwischen U-Bahnschächte, deren dunkler Schlund Kühlung verspricht und hastende Pendler verschluckt. Die Luft flimmert vor Hitze, Abgase schieben sich wie eine bleierne Dunstschicht zwischen Asphalt, Glas und Beton und den fernen Sommerhimmel. Die Friedrichstraße – eine der Hauptschlagadern der Metropole Berlin, Verkehrsknotenpunkt und Geschäftsmittelpunkt, Warenumschlagplatz und Arbeitsplatz, aber auch eine Wärmefalle für die Berliner, vor allem für alte oder kranke Menschen, die der Hitze nicht entgehen können. Keine Klimaanlage, keine Wärmedämmung, keine Bäume, die Schatten und Kühlung versprechen.

Kontrastierung

Szenenwechsel: Knapp 40 km weiter westlich, am Stadtrand von Berlin, etwa zur gleichen Zeit in einer ruhigen Siedlung am Berliner Grunewald. Hier sind Grünflächen nicht der Bodenversiegelung zum Opfer gefallen. Auf Wiesen und unter Schatten spendenden Bäumen können Tau und Regenwasser verdunsten. Havel und Wannsee spenden Kühle für Bootsfahrer, Schwimmer und Spaziergänger. In Berlins Grüngürtel finden Städter auch Alternativen zum Wohnen in der dichten, hohen Bebauung der Stadtmitte: Häuser in Niedrigbauweise, einzeln oder in Reihen, in lockerer Bebauung mit Rasen, Pflanzen und Bäumen.

Erneute Kontrastierung

Und noch einmal ein Szenenwechsel: zurück auf die Friedrichstraße in Berlin-Mitte. Es ist inzwischen Abend, Zeit für's Kino oder Theater, für Kneipen oder Straßencafés. Menschen flanieren durch die Straße, stehen lachend und plaudernd in Gruppen zusammen auf Plätzen, unter offenem Abendhimmel und bei Temperaturen, die kaum unter das Tageshoch gesunken sind. Berlin, eine Wärmeinsel wie im Mittelmeer!

Resümee

Summer in the city! Man muss die Gelegenheiten kennen – und nutzen …

Yüksel Pazarkaya
gastarbeiter

wahrlich gastfreundlich
sind diese deutschen
sie tauften uns
gastarbeiter

aus anatolien kamen wir und ließen uns nieder
für drei für fünf lebensjahre
in ihren baracken ohne wasser und klo –
arbeitet befahlen sie wir arbeiteten
am band an unserem traum

in ihren zechen straßen fabriken
diese arbeit ist dreckig sagten sie
mach du sie ausländer
diese arbeit ist schwer
diese billig
du gastarbeiter

vor hunger stank dein atem
bevor du kamst sagten sie
als freiwild sahen sie
sahen und sahen mich an
überdrüssig des sehens sagten sie dann
an seiner werkbank arbeite ich nicht
von seinem fraß fresse ich nicht
in mein haus in mein café lasse ich ihn nicht

wahrlich gastfreundlich ja wahrlich diese deutschen
übermäßig lieben sie die arbeit des gastes
für wen lebe für wen arbeite ich
bin ich gast bin ich arbeiter
wie ratlos bin ich doch

In: Yüksel Pazarkaya, Der Babylonbus. Dağyelis Verlag, Frankfurt am Main, 1989, S. 10

Anmerkungen

Der **Gast** ist in arabischen Ländern König. Gute Bewirtung und ein individuelles Unterhaltungsprogramm für die Gäste verstehen sich von selbst. Als „Gegenleistung“ erwarten die Araber Geschenke und eine Gegeneinladung. Die Wertschätzung des Gastes steht in diesen Ländern also im Mittelpunkt des Denkens.
Yüksel Pazarkaya wurde 1940 in Izmir in der Türkei geboren. Er emigrierte 1958 nach Deutschland, studierte Chemie und wurde 1973 in Literaturwissenschaften promoviert. Er arbeitet als Schriftsteller und seit 1986 auch als Rundfunkjournalist beim WDR in Köln.

Arbeitsaufträge

1. Interpretiere dieses Gedicht. Berücksichtige bei deiner Untersuchung der kompositorischen und stilistischen Mittel des Gedichts auch die Art und Weise, wie der Sprecher mit der Wortbedeutung des Kompositums „gastarbeiter“ und seiner Bestandteile, „gast“ und „arbeiter“, umgeht.
2. Das lyrische Ich bezieht sich auf den gesellschaftlichen Kontext der 70er-/80er-Jahre des 20. Jahrhunderts. Erläutere kurz die kritische Sicht des Sprechers, indem du deine Sachkenntnisse mit einbeziehst. Gib dann eine abschließende persönliche Einschätzung, wie du heute die Integration von ehemaligen Gastarbeitern beurteilst.

Lösungsvorschlag

1. *Zur Lösung der* ***textanalytischen*** *Aufgabe 1 untersuchst du die auffälligen kompositorischen und stilistischen Mittel des Gedichts, v. a.:*
   - *die Dreiteilung des Gedichts, die formal am Tempuswechsel ablesbar ist (Z. 1–4, 5–23, 24–28)*
   - *den argumentativen Gedankengang des Sprechers (Z. 1–4: These; Z. 5–23: Begründung, Erläuterung und Beispiele; Z. 24–28: Fazit)*
   - *Wörter aus den Sachfeldern "Wohnumgebung" und "Arbeitswelt"*
   - *Stilmittel der Ironie (Übertreibungen: „wahrlich", „übermäßig")*
   - *abwertende Tiermetaphorik („stank", „fraß", „freiwild")*
   - *als Schimpfwörter verwendete Begriffe („ausländer", „du gastarbeiter", „diese deutschen")*
   - *Abweichung von Normen der Rechtschreibung (Kleinschreibung) und Zeichensetzung (fehlende Satzzeichen)*
   - *das Kompositum „gastarbeiter" und seine Wortvarianten („gastfreundlich", „arbeit des gastes", „gast", „arbeiter")*
   - *der Wortsinn für „gast" und „arbeiter" im allgemeinen Sprachgebrauch (hier werden deutsch- und türkischstämmige Schülerinnen und Schüler ihre kulturell geprägten Vorstellungen von „gast" und „gastfreundschaft" einbringen, die durchaus unterschiedlich ausfallen können oder sich von dem im Gedicht angesprochenen Verständnis unterscheiden).*

   Es bietet sich bei diesem Gedicht an, ein ***Analyseverfahren*** *zu wählen, das von einzelnen* ***teilthematischen Aspekten*** *ausgeht. Denn im vorliegenden Fall ziehen sich zwei Teilthemen durch den gesamten Gedichttext: der Themenaspekt „gast" und die Identität des Sprechers.*
   - *Du kannst also mit der Untersuchung anfangen, wie der Sprecher das Wort „gastarbeiter" definiert, denn dieses Wort hat durch seine Verwendung als Überschrift eine Klammerfunktion für das gesamte Gedicht und zieht sich thematisch durch alle Versgruppen. Diesem ersten Teilthema kannst du einige der o. g. Untersuchungsaspekte zuordnen (z. B.: den argumentativen Gedankengang des lyrischen Ichs; das Stilmittel der Ironie, Wörter aus den Sachfeldern ‚Wohnumgebung' und ‚Arbeitswelt', abwertende Tiermetaphorik).*
   - *Ein weiterer lohnenswerter Untersuchungsaspekt wäre der Identitätsverlust des Sprechers. Dieser zeigt sich, wenn man überlegt, in welchen Bereichen Menschen im Allgemeinen ihr Ich definieren (z. B. über ihren Lebensraum, ihre Arbeit, ihre Sprache etc.). Alle diese Bereiche werden im Gedicht durch besondere stilistische Mittel dargestellt: der Arbeitsplatz durch die Wortwahl aus dem Sachbereich „Industrie", die Sprache des Sprechers*

z. B. durch die Abweichungen in Rechtschreibung und Zeichensetzung, seine sonstige erstaunliche Sicherheit in Deutsch als Zweitsprache etc.).

Mit diesem Vorschlag, das Gedicht zu analysieren, wählst du ein ***aspektorientiertes Verfahren****. Alternativ kann man bei der Analyse literarischer Texte auch ein Verfahren wählen, das von einer Deutungshypothese ausgeht (vgl. hierzu andere Übungen in diesem Band: Wolfenstein , Kunert, Becker).*

Folge im Aufbau deines Interpretationstextes einem klaren ***Schreibplan****: Teilthema 1 mit Untersuchungsaspekten, Teilthema 2 mit Untersuchungsaspekten, generalisierende Deutung und Fazit.*

Der türkischstämmige Dichter Yüksel Pazarkaya veröffentlichte dieses Gedicht am Ende der 1980er-Jahre. Im Rückblick setzt sich das lyrische Ich in der Rolle eines „gastarbeiters" (vgl. Überschrift) mit den wirtschaftlichen und gesellschaftlichen Bedingungen auseinander, unter denen ausländische Arbeiter ab Mitte der fünfziger Jahre im Gastland Deutschland lebten.

Generelle Einbettung des Gedichts in seinen Entstehungskontext.

Das gesamte Gedicht lässt sich als Versuch des Sprechers verstehen, den Begriff „gastarbeiter" (vgl. die Überschrift als thematische Klammer des Gedichts) zu erklären. Das lyrische Ich geht dabei jedoch nicht auf den Begriff „Gastarbeiter" ein, wie er sich im allgemeinen Sprachgebrauch der Anwerbepolitik der 50er-Jahre herausbildete und sich in der Aussage „sie tauften uns/gastarbeiter" (Z. 3 f.) widerspiegelt, sondern bezieht sich auf die „Gastfreundschaft" der Deutschen. Er entwickelt seine Definition in drei Schritten:

Aspektorientiertes Verfahren

Teilthema 1:

Begriffserklärung

„gastarbeiter"

Zu Beginn stellt er eine These auf: „wahrlich gastfreundlich/ sind diese deutschen" (Z. 1 f.). Hierbei wird das hohe Maß der Gastfreundschaft in ironischer Umkehrung dargestellt. Das altertümliche Adverb „wahrlich", das an Aussagen Jesus' in der Bibel erinnert und dadurch mit hohen moralischen Wertungen einhergeht, zeigt das unsoziale Verhalten auf, das der Sprecher im Gedicht bei den Deutschen im Umgang mit Ausländern erkennt.

Erklärung in 3 Schritten

Schritt 1

Komposition / Argumentationsgang

ironischer Stil

Im Mittelteil des Gedichts (Z. 5–23) führt der Sprecher Beispiele aus der Wohnumgebung (Z. 5–7), aus der Arbeitswelt (Z. 8–20) und aus dem gesellschaftlichen Zusammenleben (Z. 21–23) an, die alle das krasse Gegenteil von „Gastfreundschaft" belegen: Ausländische Mitarbeiter werden in slumähnlichen Behausungen ohne hygienische Standardaus-

Schritt 2

Wörter aus den Sachfeldern „Wohnumgebung" und „Arbeitswelt"

rüstung, in „baracken“ (Z. 7), untergebracht. Sie müssen dreckige und schwere Arbeiten verrichten (Z. 11, 13), die offensichtlich kein Deutscher mehr ausüben möchte, und werden als Billiglohnarbeiter (Z. 14) in „zechen straßen fabriken“ (Z. 10) eingestellt. Gastarbeiter können auf dem deutschen Arbeitsmarkt nicht die gleichen Arbeitsbedingungen erwarten wie einheimische Arbeiter. Die Metapher „freiwild“ (Z. 18) ist ein Ausdruck für die Ausbeutung der Arbeitskraft des ausländischen Mitarbeiters.

Man kann sich vorstellen, dass in den 50er-/60er-Jahren ausländische Mitarbeiter in Deutschland nicht um ihre Rechte wussten, d. h. ihre Arbeitsverträge nicht im Einzelnen verstehen konnten, weil sie die deutsche Sprache noch nicht hinreichend beherrschten. Es war durchaus möglich, dass sie keine vergleichbaren Löhne für vergleichbare Arbeit erhielten (Z. 13 f.: „diese Arbeit ist […] billig“)und unterschiedliche Urlaubs-, Krankheits- und Arbeitszeitregelungen hatten. In den Augen des Sprechers werden „gastarbeiter“ am Arbeitsplatz von einheimischen Kollegen und im Wohnviertel von ihren Nachbarn als Menschen zweiter Klasse geächtet. Ihr ungewohntes Essen wird als „fraß“ (Z. 22) bezeichnet, sie selbst damit abwertend Tieren gleichgesetzt. Gerade in Bereichen wie Essen, Wohnen und Gastronomie, in denen „Gastlichkeit“ traditionell eine große Rolle spielt, werden ausländische Mitbewohner als gesellschaftlich inakzeptabel ausgegrenzt: „in mein haus in mein café lasse ich ihn nicht“ (Z. 23). In der Tat gab es in den frühen Jahren der Gastarbeiter Schilder an deutschen Gaststätten, die unmissverständlich und herabsetzend forderten: „Keine Italiener!“

Einbeziehung von Kontextwissen

abwertender metaphorischer Stil

Einbeziehung von Kontextwissen

Als Fazit preist der Sprecher wider Erwarten die Gastfreundschaft der Deutschen und unterstreicht seine Schlussfolgerung noch durch die doppelte ironische Verwendung des Wortes „wahrlich“ und die zusätzliche Beteuerung durch „ja“ (Z. 24). Es folgt die Auflösung dieser offensichtlichen Widersprüchlichkeit: Die Freundlichkeit der Deutschen gilt der „arbeit des gastes“ (Z. 25), nicht dem Gast selbst, und zwar in „übermäßigem“ Umfang. Seine Arbeitskraft dient dem Aufschwung der deutschen Wirtschaft. Einen entsprechenden wirtschaftlichen Gewinn für sich selbst, der ihm einen angemessenen Lebensstandard ermöglichen könnte, so-

<u>Schritt 3</u>
ironischer Stil

wie eine gesellschaftliche Anerkennung als Mitbürger kann der ausländische Mitarbeiter jedoch nicht erwarten.

Durch den ironisierenden Gedankengang des Sprechers wird der ursprüngliche Wortsinn von „Gast“ und „Gastgeber“ ins Gegenteil verkehrt. Vor allem in der türkischen Kultur hat das hohe Ansehen eines Gastes eine lange Tradition: Ein Gastgeber sorgt für das leibliche und gesellschaftliche Wohl seines Gastes. Ein Gast ist der Empfänger von Gaben und Wohltaten im Hause des Gastgebers; er erwidert die Gastfreundschaft meist durch ein Gastgeschenk.

Verallgemeinernde Deutung:

Wortsinn in allgemeinem Sprachgebrauch

Offensichtlich können diese ursprünglichen Wortbedeutungen dem Sprecher zufolge allerdings nicht auf das Kompositum „Gastarbeiter“ übertragen werden. Ausländer in Deutschland bringen ihre Arbeit als Gastgeschenk im wahrsten Sinne des Wortes mit. Sie kosten den Gast- (bzw. Arbeit-)geber fast nichts (vgl. Billiglöhne, elende Unterkünfte), und sie können – ironischerweise – nicht mit der Fürsorge dessen rechnen, der sie für einen Aufenthalt im Gastland angeworben hat.

Vor diesem Hintergrund einer Sinnverdrehung lässt sich die Verunsicherung des Sprechers am Ende des Gedichts verstehen: „bin ich gast bin ich arbeiter/wie ratlos bin ich doch“ (Z. 27 f.).

Teilthema 2:

Der Identitätsverlust des Sprechers

In seiner veränderten gesellschaftlichen Rolle als „gastarbeiter“ versucht der Sprecher vergeblich seine Identität neu zu bestimmen. Wie jeder Mensch definiert er sein Ich über verschiedene Lebensbereiche:

(1) Lebensraum
(2) Arbeit
(3) Gesellschaft
(4) Gruppenzugehörigkeit
(5) Sprachgemeinschaft

Lebensraum

(1) Als Einwanderer aus der Türkei hat sich der Sprecher in den Wohn- und Produktionsstätten einer Industriegesellschaft neu orientiert. Im Gegensatz zu seiner ursprünglichen Heimat „anatolien“ (Z. 5), die durch ihre Namensnennung positiv hervorgehoben wird, erscheint ihm Deutschland unpersönlich und kalt, wie er durch die anonymen Ortsbezeichnungen „in ihren baracken“ (Z. 7), „in ihren zechen straßen fabriken“ (Z. 10) und „am band“ (Z. 9) zu verstehen gibt. Ei-

nen Lebensraum im Sinne eines neuen Zuhauses hat er hier nicht gefunden.

Arbeit

(2) Über seine Arbeit kann der Sprecher sich ebenfalls nicht identifizieren. Zwar glaubte er, sich durch Arbeit seinen „traum" (Z. 9) von einem wirtschaftlich besseren Leben erfüllen zu können. Doch erfordert die Arbeit „am [Fließ-]band" (Z. 9) oder im Berg- und Straßenbau nur die Bereitschaft, monotone bzw. schwerste Arbeit zu verrichten. Verglichen mit seinem Herkunftsland, dem ländlichen und ärmlichen Anatolien, kann er nach Ansicht einheimischer Kollegen froh sein, dass ihm die „Gastarbeit" ein Existenzminimum sichert: „vor hunger stank dein atem/als du kamst" (Z. 16 f.).

Gesellschaft

(3) Auch die Aufnahme in die Gastgesellschaft als Bürger gelingt dem Sprecher nicht. Zwar erregt er zunächst Aufsehen, vielleicht durch sein ungewohntes, fremdländisches Erscheinungsbild (Z. 18 f.). Doch ist dieses Interesse der inländischen Bevölkerung nur oberflächlich, bald ist sie „überdrüssig des sehens" (Z. 20). Als Arbeitskollege wird er gemieden (Z. 21) und als Nachbar oder Freund abgelehnt (Z. 23). Ohne soziale Kontakte im Gastland ist er ein gesellschaftlicher Außenseiter.

Gruppenzugehörigkeit

(4) Der Sprecher hat im Verlauf seines befristeten Aufenthalts in Deutschland, der sich ursprünglich – nach der damaligen Vorstellung der Politiker – auf „drei [oder] fünf Lebensjahre" (Z. 6) beschränken sollte, auch den Zusammenhalt in der türkischen Gemeinschaft verloren. Er emigrierte in der Gruppe von angeworbenen türkischen Arbeitern als einer von vielen und war, wie der Gebrauch des Pluralpronomens „wir" und „uns" (Z. 3–9) zeigt, zu diesem Zeitpunkt noch Teil einer größeren Gemeinschaft. Die Ablehnung seiner deutschen Arbeitskollegen und Nachbarn zielt jedoch auf ihn persönlich und trifft ihn als Individuum. Dies verdeutlicht der Wechsel vom „wir" zum „du" (Z. 12, 15) bzw. das Pronomen „ihn" (Z. 23), mit dem Kollegen am Arbeitsplatz über ihn als fremden Dritten sprechen. Seine Zugehörigkeit zur Gruppe der türkischen Einwanderer, seine kulturellen Wurzeln also, helfen ihm nicht, diese Feindseligkeiten in der Fremde zu verarbeiten, er muss sich individuell damit auseinander setzen.

(5) Eine letzte Möglichkeit, sein Ich zu definieren, ist die Sprachgemeinschaft. Dieser Sprecher türkischer Herkunft bedient sich der deutschen Sprache einerseits sicher in Wortwahl, Satzbau und Grammatik. Aus der größeren Distanz eines Fremdsprachenlerners hat er offenbar eine Begabung entwickelt, bestimmte Wörter (wie „gastarbeiter“) mit ungewohnten Inhalten zu füllen und damit das Interesse der Leser zu wecken. Andererseits geht er spielerisch-künstlerisch mit der deutschen Sprache um, indem er durchgängig gegen Regeln der Groß-/Kleinschreibung und der Zeichensetzung verstößt. Diese Normabweichung setzt er bewusst ein, nicht etwa aus Unkenntnis. Offensichtlich will er mit diesen Normverstößen zu verstehen geben, dass er die deutsche Sprache als Zweitsprache neben seiner türkischen Muttersprache zwar beherrscht, nicht aber in ihr heimisch geworden ist. Dies trifft für viele ehemalige Gastarbeiter, die über die „drei […] fünf lebensjahre“ hinaus in Deutschland geblieben sind, zu, mehr noch für die zweite Generation. Würde das Gedicht vorgetragen, wären diese Normabweichungen in Rechtschreibung und Zeichensetzung gar nicht erst zu hören. So betrachtet, ersetzt der Sprecher die traditionell wohl formulierte lyrische Sprache durch die Sprechsprache des Alltags. Möglicherweise verspricht er sich damit einen größeren Kreis von Menschen, v. a. auch literarisch nicht Vorgebildeten, die ihm zuhören und sich mit den vorgetragenen Problemen befassen wollen. Dieses Gedicht wird damit zu einem Sprechorgan des Sprechers in der Rolle eines gesellschaftlich desillusionierten Gastarbeiters.

Sprachgemeinschaft

Verallgemeinernde Deutung

Insgesamt scheitert der Sprecher auf seiner Identitätssuche im Gastland. Eine wirkliche Integration in den neuen Lebens- und Gesellschaftsraum des Anwerbelandes gelingt dem „gastarbeiter“ nicht. Er bleibt heimatlos – auch nach vielen Jahren des Aufenthalts im Gastland.

Fazit

2. *Zur Lösung von Aufgabe 2 verbindest du den Gedichttext mit dem **historischen Kontext seiner Entstehungszeit** und fragst nach der **Aktualität** der angesprochenen Thematik heute. Hierbei beachtest du drei Schritte:*

*a) Du beziehst die kritische Sicht des Sprechers in der fiktionalen Rolle eines „gastarbeiters“, die du in Aufgabe 1 ermittelst hast, auf die realen gesellschaftlichen Verhältnisse zur **Entstehungszeit** des Gedichts. Diese sind dir* *sicherlich aus dem Unterricht bekannt. Es geht hier z. B. um **Kontextwissen** wie:*

- *die wirtschaftliche Situation in Deutschland nach dem Zweiten Weltkrieg,*
- *die Anwerbepolitik der deutschen Regierung in den 1950er- bis 1970er-Jahren,*
- *die begrenzte Aufenthaltsdauer für so genannte „Gastarbeiter",*
- *der Einwanderungsstopp 1973.*

b) Du nimmst Bezug auf die heutige Zeit, z. B. auf

- *die **Aktualität** der Integrationsproblematik in Deutschland,*
- *den heutigen Stand von Integrationsangeboten.*

*c) Du formulierst deine **persönliche Einschätzung**, welche Form ein interkulturelles Zusammenleben von Menschen unterschiedlicher kultureller und nationaler Herkunft in Deutschland annehmen kann.*

Überleitung vom **Gedichttext** zum **gesellschaftlichen Kontext**

Betrachtet man die Auseinandersetzung des Sprechers mit der „Gastfreundschaft" Deutschlands und seinen Migrantenstatus im Entstehungskontext des Gedichts (vor 1989), so versteht man, dass sich seine Kritik gegen das kurzsichtige, rein wirtschaftliche Interesse eines Industriestaates an billigen Arbeitskräften richtet, ohne dass dieser deren längerfristiges gesellschaftliches Wohl verfolgt hätte.

Benachteiligung von Gastarbeitern auf dem deutschen Arbeitsmarkt

Trotz bundesstaatlicher Einreise- und Arbeitserlaubnis, trotz offizieller Zusicherung einer Wohnung und eines Arbeitsplatzes im Land des „Wirtschaftswunders" (vgl. „traum") war weder der berufliche noch der gesellschaftliche Status von ausländischen Gastarbeitern gesichert: Inländische Arbeiter hatten Vorrang bei der Vergabe von qualifizierten Arbeitsstellen; ausländische Gastarbeiter wurden (wie der Sprecher beklagt) häufig für ungelernte Schwerstarbeit eingesetzt.

Problematische gesellschaftliche Integration der Gastarbeiter

Obwohl dem Gastland wie den Anwerbeländern klar war, dass Gastarbeiter nur für begrenzte Dauer in Deutschland bleiben würden („für drei für fünf lebensjahre"), hielt der Bedarf an ausländischen Arbeitern fast zwei Jahrzehnte an, bis zum Rückgang der Arbeitsmarktentwicklung und dem Einwanderungsstopp 1973. Die Mehrheit türkischer Gastarbeiter ging jedoch nicht zurück in ihr Herkunftsland. Aufgrund des ursprünglich zeitlich begrenzten Gastarbeiterstatus fehlte es an längerfristigen politischen Vorstellungen, wie ausländische Zuwanderer in die einheimische Gesellschaft integriert werden könnten und nicht als Fremde diskriminiert würden. Abschätzig verwendete Bezeichnungen von Ausländern und Deutschen wie „du gastarbeiter“ (Z. 15), „ausländer“ (Z. 12) oder „diese deutschen“ (Z. 2) in Pazarkayas Gedicht machen diese Problematik deutlich und zeigen, dass die Integration der Gastarbeiter aus seiner Sicht gescheitert war.

Aktualität der Integrationsproblematik

Heute, in der dritten Generation der ehemaligen Gastarbeiter, hat sich die Integrationsproblematik verlagert. Wirtschaftlich und gesellschaftlich haben sich viele eingewanderte Mitbürger und deren Nachkommen verbessern können. Schon lange sprechen wir heute von „unserem Italiener“, wenn wir ein gutes Restaurant besuchen oder anderen empfehlen wollen. Spannungen zwischen Bevölkerungsgruppen unterschiedlicher Herkunft haben heute oft eher religiöse Gründe.

Angebote zur Integration nach heutigem Stand

Gerade vor dem Hintergrund des globalen Terrorismus kommt Integrationsmodellen in Deutschland, die in den 1960er- und 1970er-Jahren noch keine allgemeine Praxis waren, eine große Bedeutung zu. Die heute gültigen Angebote zur Integration streben alle interkulturelle Verständigung an, also eine Annäherung von beiden Seiten. Zu diesen Angeboten gehören etwa Sprachkurse, besonders für Vorschulkinder und nicht berufstätige ausländische Ehefrauen, berufliche Nachqualifizierung von Migranten, Hilfe bei der schulischen Entwicklung, Einbindung auch der nachreisenden Familienmitglieder in die Nachbarschaft und Kommune, Möglichkeit der Begegnung ausländischer und inländischer Gruppen auf Stadtteilfesten, Errichtung von Moscheen oder die Öffnung der religiösen Begegnungsstätten auch für Angehörige anderer Religionen.

Abschließende **persönliche Beurteilung**

Infolge dieser Integrationsangebote haben sich nach meiner Einschätzung unterschiedliche Kulturen in der deutschen Gesellschaft durchaus annähern können und gelernt, einander besser zu verstehen. Dennoch, meine ich, gibt es noch mehr voneinander zu lernen. Einerseits müssten Deutsche wie ausländische Bevölkerungsgruppen noch viel mehr Bereitschaft zeigen, Menschen anderer Nationalitäten im Beruf oder in der Nachbarschaft als Mitbürger zu akzeptieren. Dazu gehören in erster Linie Kenntnisse über die jeweils andere Kultur: ihre Lebensgewohnheiten, ihre Denkweisen und ihre religiösen Überzeugungen. Andererseits halte ich es für notwendig, dass es allen Nationalitäten in Deutschland bewusst wird, dass die deutsche Gesellschaft westlich geprägt ist, in ihrem Staats- und Wirtschaftssystem ebenso wie in ihrer christlichen Religion. Diese kulturellen Traditionen will und kann sie in einer multikulturellen Gesellschaft nicht aufgeben. Innerhalb unserer multikulturellen Gesellschaft stelle ich mir vor, dass alle Bürger, ganz gleich, aus welchen Ländern sie kommen, grundlegende Normen und Werte teilen, wie sie u. a. in unserer demokratischen und rechtsstaatlichen Verfassung niedergelegt sind. Darüber hinaus sollten alle Nationalitäten in Deutschland jedoch auch ihre eigenen Traditionen pflegen dürfen. Die Vielfalt der Kulturen und Nationalitäten kann für unsere Gesellschaft eine Bereicherung sein, wenn wir bereit sind, verständnisvoll und tolerant aufeinander zuzugehen.

Die zwei Helden und ihr Alltag

Von Presserummel, Preisgeld und Problemen: Die taz-Panter-Preisträger Saithan und Sinan

Die Liste der Interviewanfragen ist lang: ZDF, WDR, RTL, Pro 7, diverse Zeitungen. Sinan und Saithan, die beiden jugendlichen taz-Panter-Preisträger sind gefragte Helden geworden. Ganz schön anstrengend sei das, meint Saithan (17) und atmet tief durch. „Ein Interview habe ich aber schon abgesagt, das kann nix schaden", sagt er. Und ergänzt trocken: „Schließlich muss ich ja auch noch zur Schule."

Gemeinsam mit seinem Freund Sinan (16) hatte Saithan im Rahmen einer Postkartenaktion gegen Zwangsheirat Gesicht gezeigt. „Ehre ist, für die Freiheit meiner Schwester zu kämpfen", lautete der Slogan. 20 000 Postkarten, auf denen Sinan und Saithan sowie zwei türkische Mädchen im Hintergrund abgebildet waren, wurden deutschlandweit in Schulen und Jugendzentren verteilt. Geld gab es nicht für diesen Einsatz als Fotobotschafter, die beiden Jungen handelten aus Überzeugung.

Den beiden muslimischen Deutschtürken wurde dafür Ende Oktober von einer prominent besetzten Jury der taz-Panter verliehen, der in diesem Jahr zum ersten Mal herausragendes soziales Engagement würdigte. Am Abend der Preisverleihung lobte Sonia

Mikich, Leiterin des ARD-Magazins „Monitor" und Jury-Mitglied, das Handeln von Sinan und Saithan und verglich es mit „einer subjektiven Kulturrevolution". „Das war schwer für diese ‚ganz normalen Jungs', denn das, was sie sagen, gilt in ihrem Umfeld bislang als uncool. Ich hoffe, dass sie Vorbilder werden", erklärte die Fernsehjournalistin.

Dass es nicht ganz einfach ist, Vorbild und Held zu sein, haben Sinan und Saithan mittlerweile zu spüren bekommen. Plötzlich stehen sie im Mittelpunkt des Interesses, geben Interviews und sind für Fernsehauftritte angefragt. Zu aller Aufregung kam es zu Differenzen mit dem Berliner Mädchentreff „Madonna", der die Postkartenaktion initiiert hatte und einen Teil des 5 000-Euro-Preisgeldes für sich beanspruchte (*taz* vom 19. Nov.). Eine

Forderung, die die Jungen irritierte, denn sie hatten am Abend der Preisverleihung angekündigt, einen Teil ihres Preisgeldes für den Nachdruck der Postkarte in türkischer und arabischer Sprache zu verwenden.

In einem ausführlichen Gespräch mit den Jungen und ihren Vätern wurden jedoch die Spannungen beseitigt. Der ehemalige taz-Redakteur Eberhard Seidel moderierte die Runde im taz-Pavillon, er ist heute Geschäftsführer von „Schule ohne Rassismus – Schule und Courage“. „Ich finde das Projekt an sich sehr gut,“ erklärte Saithans Vater. „Aber das Thema ist doch etwas zu groß für Kinder.“ Mit Sinans Vater teilt er die Sorge, den Jungen könnte vielleicht etwas zustoßen. Doch Sinan und Saithan erzählten, dass sie fast nur positive Resonanz aus ihrem Freundeskreis erhalten hätten. Sinan: „Die meisten Kumpels finden die Aktion gut, aber sie hätten sich nicht getraut mitzumachen.“

taz-Redakteurin Bascha Mika und Eberhard Seidel lobten den Mut der Jugendlichen und hoben die Besonderheit ihres Einsatzes hervor. Auch bei der Verteilung des Preisgeldes wurde man sich schnell einig: Wie von Sinan und Saithan am Abend der Preisverleihung angekündigt, erhalten der Mädchentreff „Madonna“, die Initiatorin und zwei beteiligte Mädchen zusammen 1 000 Euro. JUTTA HEESS

In: taz Magazin Nr. 7842, 10./11. Dezember 2005 (467 Wörter)

Arbeitsaufträge

1. Gib den Nachrichtenkern des Zeitungsartikels in ein bis zwei Sätzen wieder.
2. Untersuche sprachliche Mittel des Berichtens, die die Journalistin in diesem Nachrichtenartikel verwendet, und erkläre, welche Wirkungen sie damit beabsichtigt. Erläutere abschließend, welche generelle Botschaft die Verfasserin mit ihrer Berichterstattung über dieses interkulturelle Projekt vermitteln könnte.
3. Wie schätzt du den Erfolg ein, den die beiden „muslimischen Deutschtürken“ (Z. 26 f.) mit ihrem Projekt erreichen wollen? Schreibe einen kurzen persönlichen Kommentar. Nutze dabei auch deine Kenntnisse aus dem Unterricht und eigene Erfahrungen.

Lösungsvorschlag

1. *Zur Lösung von Aufgabe 1 sind Kenntnisse der* ***journalistischen Textform*** *„Zeitungsbericht“ hilfreich (hier: eine Auswahl aus den journalistischen Kernfragen: WER? WAS? WO? WANN? WIR? WARUM?).*

In ihrem Nachrichtenartikel vom 10./11. 12. 2005 aus der *taz* berichtet die Journalistin darüber, wie zwei „muslimische[ ] Deutschtürken“ (Z. 26 f.) Medienöffentlichkeit (vgl. Z. 1–9, 65 ff., 81 ff.) und Schulalltag (Titel; Z. 10 f.) miteinander vereinbaren. Als „taz-Panter-Preisträger“ (vgl. Untertitel, Z. 4 f., 29) waren sie mit einem Preisgeld von € 5 000 (Z. 54) dafür ausgezeichnet worden, dass sie sich im Herbst 2005 mit einer Postkartenaktion gegen die Zwangsheirat (Z. 12 ff.) junger türkischer Frauen in Deutschland eingesetzt hatten.

Informationsentnahme
mithilfe der journalistischen Kernfragen
Wer?
Was?
Wer?
Was?
Wann?
Was?

2. *Für den Analyseauftrag in Aufgabe 2 kannst du dein* ***Sprach-*** *und* ***Textwissen*** *aus verschiedenen Bereichen nutzen, hier v. a.:*
   - *über stilistische Mittel in journalistischen Texten, z. B.:*
     - *neutralen Berichtstil,*
     - *Wiedergabe von Meinungen in direkter oder indirekter Rede,*
   - *über Aufbaumuster von Zeitungsartikeln, z. B.:*
     - *„Aufhänger“ (im 1. Druckabschnitt)*
     - *wiederholter Gebrauch einer Metapher (hier: „Helden“) an bestimmten Stellen des Artikels*

   Beziehe dich in deinen Deutungen auch auf ***Sachkenntnisse*** *aus dem Unterricht, hier v. a. auf:*
   - *die Presse als vierte Macht im Staat,*
   - *demokratische Grundsätze in westlichen Gesellschaften (hier: Gleichstellung von Frauen, verbale Konfliktbewältigung im Gespräch).*

Die Journalistin verbindet in ihrer Berichterstattung einen sachlich-neutralen Stil mit zitierend berichtenden Passagen, in denen sie Meinungen und Gefühle der beteiligten Personen wiedergibt.

Eröffnungssatz mit Hinweis auf die nachfolgenden Untersuchungsaspekte

Sie berichtet in neutralem Stil über die Ereigniskette, die mit der „Postkartenaktion“ der beiden Deutschtürken „gegen Zwangsheirat“ (Z. 14 ff.) begann, zu einer Auszeichnung der Jungen für ihr „herausragendes soziales Engagement“ (Z. 30 f.) führte und im aktuellen Interesse der Medien endete. Sachli-

neutraler Bericht

che Neutralität erhält der Bericht durch neutrale Handlungsverben im Passiv (Z. 21 f.: „wurden … verteilt"; Z. 27 ff.: „wurde verliehen"; Z. 63 f.: „wurden … Spannungen beseitigt"). Auch für Sprachhandlungen setzt die Verfasserin neutrale Verben ein (Z. 31: „würdigte", Z. 37: „verglich es mit", Z. 32, 82: „lobte[n]", Z. 57 ff.: „hatten … angekündigt", Z. 86 ff: „wie … angekündigt"). Durch diesen neutralen Berichtstil können Leser/innen sich einen ungefärbten Eindruck von den Tatsachen verschaffen: Zwei deutschtürkische Schüler haben sich mit ihrer Postkartenaktion für eine Lockerung der traditionellen Normen in muslimischen Familien (hier: das Recht junger Frauen, ihren Ehepartner frei zu wählen) eingesetzt.

Handlungsverben im Passiv

Sprachhandlungen

Die Autorin mischt ihren Bericht jedoch mit indirekten Stellungnahmen. Für die Darstellung von Meinungen und Gefühlen der beteiligten Personen wählt sie durchgehend die direkte bzw. indirekte Rede (vgl. Abschnitt 1, Abschnitt 2 Ende, Abschnitt 4 Mitte-Ende; vgl. auch die Verben für Sprachhandlungen). Interessant ist hierbei, dass die Redebeiträge, die die Journalistin offenbar aus dem umfangreichen Material von Interviews für ihren Artikel auswählt, einen deutlichen Anteil an umgangssprachlichen Wendungen aufweisen, und zwar sowohl bei den jugendlichen Sprechern (Z. 6: „Ganz schön anstrengend sei das", Z. 10 f.: „muss ich ja auch noch zur Schule", Z. 78: „Die meisten Kumpels", Z. 79 f.: „hätten sich nicht getraut") als auch in den Äußerungen der erwachsenen Fachleute (Z. 39: „ganz normale Jungs", Z. 41: „uncool"). Durch diese alltagssprachlichen Redeweisen erzeugt die Verfasserin eine größere Nähe zu den berichteten Ereignissen. Vor allem jugendliche Leser/innen können sich direkt von den jungen Akteuren angesprochen fühlen und werden von Experten wie der zitierten Jurorin und Fernsehjournalistin nicht abgeschreckt. Junge Leser/innen sind dadurch möglicherweise bereit, den beiden Jungen und ihren Handlungsmotiven zuzustimmen.

indirekte Stellungnahmen

direkte / indirekte Rede

Auswahl an Redebeiträgen

Umgangssprache

Hierzu tragen auch zwei kompositorische Mittel bei: Ein erstes ist der „Aufhänger" (1. Abschnitt), mit dem die Journalistin die gegenwärtige Lage der Jugendlichen als brisant kennzeichnet. Mit der Zeitform des Präsens in diesem ersten Abschnitt erreicht die Journalistin, dass ihre Leser die Gefühls-

Komposition

„Aufhänger"

aussprache der Hauptakteure direkt „miterleben“ können. Ein zweites kompositorisches Mittel ist die wiederholte Nennung und geschickte Platzierung des Wortes „Held[en]“ (Titel, in Abschnitten mit der präsentischen Situation der Jungen: 1 und 4). Mit dieser positiv besetzten Metapher, die sich ursprünglich auf Sieger im Kampf oder Krieg bezieht, betont die Journalistin den Mut der Jugendlichen, sich gegen die geltenden Normen ihrer kulturellen Gemeinschaft zu stellen, auch auf die Gefahr hin, dass konservative Vertreter dieser Gruppe sie gewaltsam von ihrer Aktion abhalten könnten (vgl. Z. 73 f.: „den Jungen könnte vielleicht etwas zustoßen“). Damit wird das sachliche Urteil anderer Pressevertreter verstärkt, die das interkulturelle Projekt der Jugendlichen zur Veränderung tradierter frauenfeindlicher Normen als „vorbildlich“ (Z. 42) und „mutig“ (Z. 82) einschätzen.

Kriegsmetapher

Mit ihren stilistischen wie kompositorischen Mitteln der Berichterstattung gibt die Autorin zu verstehen, dass diese beiden Deutschtürken über ihre Postkartenaktion gegen die Zwangsverheiratung muslimischer Frauen hinaus noch weitere wichtige Beiträge zur Integration in die multikulturelle deutsche Gesellschaft geleistet haben:

Zusammenfassende Deutung

Sie arbeiten kooperativ mit der Presse als der „vierten“ Macht im Rechtsstaat zusammen, ohne sich von ihr vereinnahmen zu lassen (vgl. Saithans Wortbeiträge in Z. 7–11); sie wissen um die Bedeutung des Schulbesuchs für ihre berufliche Zukunft (Z. 10 f.); und sie beherrschen demokratische Grundsätze wie die Konfliktbewältigung durch verbale Auseinandersetzung und die Bereitschaft, mit Andersdenkenden nach Lösungen zu suchen und Kompromisse einzugehen. So einigen sie sich zum Beispiel finanziell mit dem Mädchentreff (vorletzter Absatz und Artikelende). Mit ihrer fortgesetzten Berichterstattung über das Projekt der Jungen in der *taz* (vgl. Z. 55) leistet die Verfasserin selbst einen Beitrag zur interkulturellen Verständigung in Deutschland.

Einbeziehung von **Kontextwissen**

Dass die Preisvergabe für „herausragendes soziales Engagement“ (Z. 30 f.) von einer Zeitung (der deutschlandweit verbreiteten *taz*) vorgenommen wird, zeigt, wie ein Pressemedium zugleich informierend und urteilsbildend seinem Auftrag in einer multikulturellen Gesellschaft verantwortlich nachkommt.

Generalisierende Einschätzung der Presse

3. *Im **Kommentar** in Aufgabe 3 solltest du dein subjektives Urteil auf der Grundlage von überprüfbaren **Kenntnissen** entwickeln, und zwar je nach unterrichtlichen Schwerpunkten, z. B. aus diesen Themenbereichen:*
   - *Rollenbilder für Männer und Frauen in moslemischen und demokratischen Gesellschaften,*
   - *Migrationsströmungen in Deutschland/Westeuropa,*
   - *Integrationspolitik in Deutschland/Westeuropa,*
   - *kulturelle Konflikte in multikulturellen Gemeinschaften,*
   - *religiöse Grundlagen im Koran, in der Sharia.*

   *Du kannst auch **eigene Erfahrungen** mit einbeziehen, z. B. aus Stadtteilen deiner Heimatstadt.*

   *Beachte für den Aufbau deines Kommentars diesen **Schreibplan**:*
   - *Sachverhalt, der kontrovers ist*
   - *These mit Argumenten und Resümee*
   - *Antithese mit Gegenargumenten und Resümee*
   - *abschließende Gesamtbeurteilung*

Sachverhalt Das interkulturelle Projekt der beiden Deutschtürken könnte andere türkische und muslimische Einwanderungsgruppen der ersten und zweiten Generation in Deutschland in Grenzen beeinflussen. **These** Für einen Erfolg sprechen vor allem zwei Argumente. Argument 1 Zum einen wird die Postkartenaktion der beiden deutschtürkischen Jungen, deren Postkarten zwar deutschlandweit, aber nur in Schulen und Jugendzentren verbreitet wurden, durch die Berichterstattung einer überregionalen Tageszeitung einer größeren Öffentlichkeit bekannt. Argument 2 Zum anderen ist es sehr wirksam, wenn eine Zeitung wie die *taz* nicht nur über interkulturelle Spannungen und Probleme berichtet, wie z. B. über so genannte Ehrenmorde, die von traditionsbehafteten muslimischen Männern an westlich orientierten weiblichen Verwandten verübt werden, oder über die Benachteiligung von Einwandererkindern im deutschen Schulsystem und auf dem Arbeitsmarkt. Resümee Mit der Nachricht über das interkulturelle Projekt von muslimischen Jugendlichen in Berlin könnte sich die Vorstellung verbreiten, dass unterschiedliche Kulturen in einer westlichen Gesellschaft auch harmonisch zusammenleben können. Außerdem setzt vielleicht ein kultureller Wertewandel ein, der dazu führen könnte, dass auch muslimischen Frauen die freie Wahl ihres

Ehepartners als ein Grundrecht in westlichen Gesellschaften zugestanden wird.

Antithese

Was jedoch gegen einen umfassenden Erfolg der „subjektiven Kulturrevolution“ (Z. 37 f.) der beiden Jugendlichen spricht, ist die anhaltende tiefe Verankerung vieler muslimischer Bürger in ihrer Religion bzw. in religiös motivierten Verhaltensregeln. Der Koran, stärker noch die Sharia, schreiben dem Einzelnen feste Verhaltensmuster gerade im gesellschaftlichen Leben vor (v. a. in den Bereichen Ehe, Familie, Kleidungsstil, Beruf, Recht), wobei die Frau eine deutlich untergeordnete Stellung gegenüber Männern in Familie und Öffentlichkeit einnehmen soll. Weitere Gesichtspunkte erschweren eine Verständigung zwischen den Kulturen. Hierzu gehören etwa die fehlende Trennung von Kirche und Staat in zahlreichen traditionellen muslimischen Staaten, deutlicher noch eine zunehmende Radikalisierung von muslimischen Splittergruppen, die sich mit den Terroranschlägen auf die USA am 11. 9. 2001 und auf europäische Hauptstädte wie Madrid (2004) und London (2005) als abschreckende Beispiele fest im öffentlichen Bewusstsein verankert haben. Diese Entwicklungen sprechen gegen eine Veränderung, wie sie Sinan und Saithan für eine gleichberechtigte Beziehung zwischen muslimischen Männern und Frauen in westlichen Gesellschaften vorschwebt. Letztlich müssen auch die beiden Jugendlichen, die westlichen Werten und Normvorstellungen gegenüber aufgeschlossen sind, gewalttätige Gegenreaktionen fanatischer muslimischer Glaubensvertreter befürchten (Z. 73 ff.).

Gegenargument 1

Gegenargument 2

Gegenargument 3

Resümee

Gesamtbeurteilung

Dennoch meine ich, dass solch mutige Versuche wie die „subjektive Kulturrevolution“ (Z. 37 f.) der Postkartenakteure erste Schritte sein können, starre gesellschaftliche Normen in einer multikulturellen westlichen Gesellschaft friedlich zu verändern.

Necla Kelek: Der Brautpreis war Deutschland

Die Frauen, die um den großen weißen Gartentisch herumsitzen, sind ausschließlich Frauen von Männern aus der zweiten und dritten Migranten-Generation. Fast alle sind „Import-Gelin" im Alter zwischen 18 und 35 Jahren. Sie verbindet ein ähnliches Schicksal, und sie helfen sich gegenseitig, in der neuen Umgebung anzukommen. Die älteren Frauen, die Schwiegermütter, sind heute nicht dabei. Sie treffen sich bei einer anderen Frau, um unter sich zu sein. […]

Shaziye ist etwa dreißig Jahre alt, leicht füllig und mit einem runden Gesicht, ihre Haare gänzlich unter einem eng gebundenen braunen Kopftuch verborgen. Sie trägt einen weiten geblümten Rock, eine helle Bluse und darüber eine gehäkelte Weste. Auch sie frage ich nach ihrer Kindheit und Jugend und nach ihrer Hochzeit, so wie ich schon viele Frauen befragt habe. Sie erzählt gern und viel. Im Kern ist es immer wieder die gleiche Geschichte, die ich zu hören bekomme. Ein Mädchen vom Dorf, das im Alter von 17 mit einem Verwandten verheiratet wurde, der in Deutschland lebte. Auch Shaziye wurde mit dem Versprechen auf ein sorgenfreies Leben in Deutschland gelockt. Auch bei ihr war der Brautpreis Deutschland, allerdings kaufte ihr zukünftiger Mann ihr – zum Ärger der Schwiegermütter – ein Brautkleid. Alles lief wunschgemäß, nur die Hochzeitsnacht regt sie heute noch auf. Niemand hatte sie vorbereitet. Sie war allerdings dankbar, dass ihr Mann sich weigerte, das blutige Laken abzugeben. Er wollte allein sein mit seiner Frau, was seine Schwester nur schwer akzeptieren konnte. Ständig platzte sie ins Zimmer, um die beiden Brautleute zu fragen, ob sie noch etwas bräuchten. […]

Obwohl Shaziye und ihr Mann die Hochzeitsnacht nach mehreren Anläufen „erfolgreich" absolviert hatten, wurde Shaziye nicht schwanger. In der Familie kam Panik auf, und die Schwiegermutter fragte: „Haben wir etwas Falsches gekauft?" Zum Glück klappte es schließlich doch, die Tochter wurde dann schon in Deutschland geboren.

Ich fragte Shaziye nach ihrem Bild von den Deutschen. Viel weiß sie dazu nicht zu sagen. Sie spricht kein Deutsch. Eigentlich, so sagt sie mir, wisse sie von den Deutschen nur, dass sie „auch Menschen sind und einen anderen Glauben haben". Außerdem seien sie so furchtbar pünktlich und entschlossen – wenn sie einmal Nein gesagt hätten, dann könne man nichts mehr machen. Ihre deutsche Nachbarin, die manchmal vorbeikäme, zum Beispiel, erwarte, dass man sich bei ihr anmeldete, wenn man sie besuchen wolle, und wenn sie keine Zeit hätte, würde sie das der Besucherin doch glatt ins Gesicht sagen. Das sei doch schrecklich! „Für uns ist ein Gast ein Gast, und selbst wenn ich keine Zeit habe, lasse ich alles stehen und liegen." [...]

Außer mit den Nachbarn hat Shaziye noch nie mit Deutschen gesprochen. „Wir Importbräute kommen alle aus der Türkei und verstehen kein Deutsch. Wir reden nur Türkisch." Deutschland und seine Menschen, sagt sie, hätten sie nie interessiert. Als sie geheiratet hatte, war es für sie so, als zöge sie in der Türkei um. Sie ging nicht nach Deutschland, sondern in eine fremde Familie, in eine türkische Familie. In ihrem Dorf hatte es keinen Fernseher, keine Bücher, keine Bilder gegeben. Ihre Vorstellungen von Deutschland hatten sich an Istanbul orientiert, mehr kannte sie nicht. Als sie dann die Eltern des Mannes traf, sahen die so aus, wie es ihr vertraut war, sehr ländlich-dörflich, sehr einfach angezogen. So musste auch Deutschland sein, dachte sie. Sie wusste, dass auch ihr Leben in Deutschland sehr bescheiden sein würde.

„Meine Zukunft war die Familie, in die ich kam. Mit Deutschland hatte das gar nichts zu tun, das war eine Sache unter uns Türken. Meine Schwiegereltern lebten hier schon lange. Und wenn eine Familie eine Braut nach Deutschland holt, dann kommen alle Familien zusammen, um sie zu beglückwünschen, und bringen ein Hochzeitsgeschenk mit. Und damit ist man sofort in der türkischen Gemeinschaft, weil man gleich einen Gegenbesuch macht. Dann kommen die anderen Bräute zu dir, und du darfst sie wieder mit deiner Schwiegermutter besuchen. So habe ich die anderen Bräute kennen gelernt, und jetzt halten wir alle zusammen und unternehmen am Wochenende etwas gemeinsam. Die Männer haben meist anderes zu tun. Mein Mann ist viel unterwegs, er trifft sich mit seinen Kollegen, geht essen oder spielt Fußball. Vor vier Jahren waren wir einmal in einer Großstadt im Kino. Dort gab es einen türkischen Film, der hieß ‚Verrücktes Herz'. Es wäre schön, wenn ich mal mit meinem Mann und meinen Kindern allein sein könnte. Aber die Familie meines Mannes ist groß, da ist immer jemand da."

Shaziye ist eine strenggläubige Muslimin, die alle religiösen Pflichten einhält. „Mein Leben ist ohnehin langweilig, es spielt sich im Haus ab, mit meiner Religion kann ich es sinnvoll füllen. So tue ich etwas für das Jenseits. Ich habe großen Respekt vor den Pflichten, die Allah uns auferlegt hat. Sie zu beachten, dafür ist der Mensch auf die Welt gekommen. Das ist so wie Schulden haben. Wenn ich bei Ihnen Schulden hätte, müsste ich die ja auch zurückzahlen. Für das Leben, das er uns geschenkt hat, schulden wir ihm die Einhaltung der uns auferlegten Pflichten. Ich zahle jeden Tag zurück. Ich unterwerfe mich ihm und mache das von Herzen gern. So lebe ich sündenfrei. Je weniger ich mich draußen bewege und mich von äußeren Dingen abhalten lasse, desto näher bin ich Gott und dem Bösen fern."

In: Necla Kelek, Die fremde Braut. Ein Bericht aus dem Inneren des türkischen Lebens in Deutschland. Kiepenheuer & Witsch, Köln, 2005, S. 205–209 (864 Wörter)

Anmerkungen

3 *gelin* (türkisch): „die, die kommt“, so nennt man in der Türkei die Braut, die ins Haus eines Mannes und seiner Familie kommt; „Import-Gelin“ heißen die in der Türkei aufgewachsenen Bräute, die türkische Migrantenfamilien nach Deutschland holen.

Necla Kelek (*1957 in Istanbul) emigrierte 1958 mit ihren Eltern nach Deutschland, studierte hier und schloss mit der Promotion über das Thema „Islam im Alltag“ ab. Die deutsch-türkische Dozentin und Migrationsforscherin wendet sich in ihrem Buch *Die fremde Braut* gegen die Unterdrückung der Frauen im Islam. Sie führte dazu zahlreiche Interviews mit betroffenen Frauen: mit Schwiegertöchtern, die aus der Türkei „importiert“ werden, und mit Schwiegermüttern, die in die Türkei auf ‚Brautschau' für ihre Söhne in Deutschland reisen. Ihr Bericht über die Zwangsehen ihrer türkischen Mitfrauen in Deutschland brachte der Autorin ebenso staatliche Auszeichnungen (Geschwister-Scholl-Preis 2005) ein wie öffentliche Kritik von Wissenschaftlern und Migrationsforschern (Offener Brief in der ZEIT am 6. 2. 2006).

Arbeitsaufträge

1. Shaziye spricht von der „Einhaltung der uns auferlegten Pflichten“ (Z. 70 f.). Stelle in einem kurzen Überblick (z.B. einem Cluster) diese „Pflichten“ türkischer Frauen „von Männern aus der zweiten und dritten Migranten-Generation“ (Z. 2) in Deutschland zusammen.
2. Wähle 2-3 „Pflichten“ aus deinem Cluster in Nr. 1 aus und erläutere diese im Textzusammenhang. Nutze hierbei auch deine allgemeinen Kenntnisse der türkischen Kultur.
3. Als Necla Kelek türkische Frauen fragt: „Was tun wir Türken für Deutschland?“, erhält sie diese Antworten:
   „ ‚Die Deutschen interessieren mich nicht. Ich bin nicht nach Deutschland gekommen, sondern in eine Familie‘, sagte eine von ihnen. ‚Wir brauchen die Deutschen nicht. Wir haben hier unsere Moschee, unseren koscheren Laden, unser eigenes Fernsehen, wir brauchen sie nicht‘, sagte eine andere“ (a. a. O., S. 19).
   Wie beurteilst du diese Haltung der türkischen Frauen gegenüber dem Einreiseland Deutschland? Schreibe einen Kommentar.

Lösungsvorschlag

1. *Zur Lösung von Aufgabe 1 ist es vorbereitend ratsam, methodisch mit* ***Textmarkierung*** *und* ***-visualisierung*** *vorzugehen:*
   - *Markiere einzelne thematische Schlüsselwörter im Text, die auf die „Pflichten" oder auf das erwartete Verhalten einer „Importbraut" hinweisen (z. B. durch Kreise oder Rechtecke).*
   - *Wenn du einen Überblick über alle markierten Schlüsselwörter hast, versuche, diese zu gruppieren und passende Oberbegriffe für die jeweilige „Pflicht" zu finden.*
   - *Notiere die Oberbegriffe am Rand.*
   - *Trage die Oberbegriffe in die einzelnen Felder eines* ***Clusters*** *ein und ordne ihnen einige der Schlüsselwörter aus dem Text zu.*

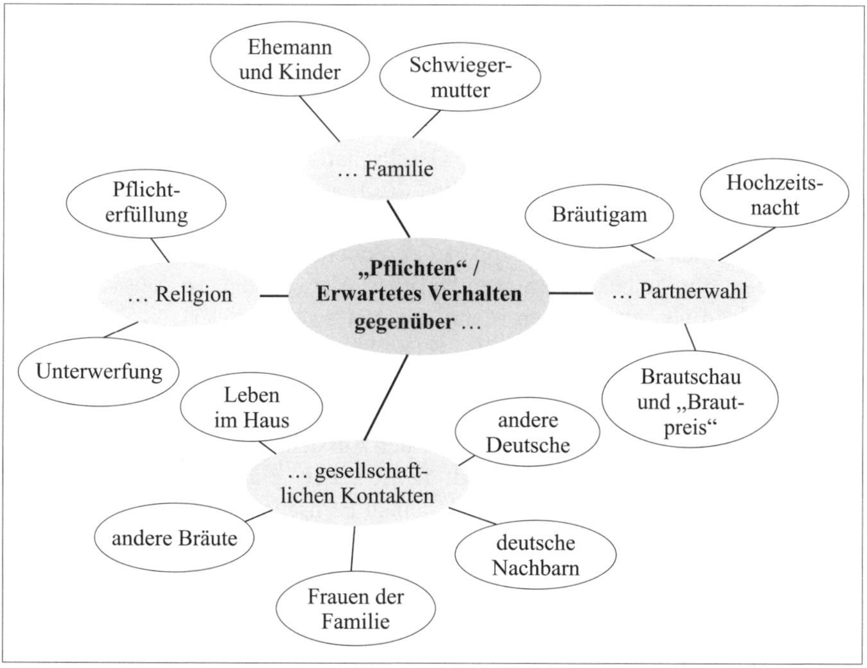

2. *Es bietet sich in der Aufgabe 2 an, für eine nähere Untersuchung jene „Pflichten" bzw. erwarteten Verhaltensweisen auszusuchen, die kulturell besonders stark vom Einwanderungsland Deutschland abweichen. So kannst du in deiner* ***Textanalyse*** *im Einzelnen weiter vorgehen:*
   - *Beziehe dich jeweils auf die Textstellen, die zu den ausgewählten „Pflichten" gehören.*
   - *Gehe von diesen konkreten Einzelheiten aus.*
   - *Untersuche auffällige sprachliche Mittel (z. B. Metaphern aus dem Bereich ‚Handel' wie „Import-Gelin", „Brautpreis", „kaufen").*

   Versuche anschließend, mithilfe deines ***Kontextwissens*** *von diesen konkreten Textaussagen zu allgemeineren Aussagen zu gelangen: Auf diese Weise kannst du die Stellung der muslimischen Frau in der türkischen Großfamilie in Deutschland gut herausarbeiten.*

In ihrer familiensoziologischen Studie befasst sich die Migrationsforscherin Necla Kelek mit der „Gelin", der „fremden Braut" aus der Türkei, die nach Deutschland gebracht wird und dort keinerlei Chance oder Voraussetzung für eine Einbindung in die deutsche Gesellschaft besitzt.

Generelle Einbettung des Textes in seinen Publikationskontext

Shaziye ist eine solche „Import-Gelin" (Z. 3) aus der Türkei. Ihre grundlegende Pflicht ist es, die Wahl ihres Ehepartners aus der eigenen ethnischen Gruppe zu akzeptieren. Sie wurde an einen ihr unbekannten weitläufigen Verwandten in Deutschland vermittelt, einen Mann „aus der zweiten [oder] dritten Migranten-Generation" (Z. 2). Die Ehe kam zustande durch die Vermittlung ihrer Schwiegermutter, die für die zukünftige Ehefrau ihres Sohnes einen „Brautpreis" (Z. 15) an deren Eltern zahlte. Dieser bestand in der Aussicht auf „ein sorgenfreies Leben in Deutschland" (Z. 15). Für „ein Mädchen vom Dorf" (Z. 13), in dem es „keinen Fernseher, keine Bücher, keine Bilder gegeben" hatte (Z. 43 f.), bedeutet die Heirat mit einem Deutsch-Türken einen wirtschaftlichen und sozialen Aufstieg.

Pflicht 1:

Partnerwahl und Eheschließung

Aufnahme von Themenaspekten aus dem **Cluster**

Metaphern aus dem Bereich ‚Handel'

Anders als in westlichen Kulturen am Ende des 20. Jahrhunderts üblich, kommt die Eheschließung zwischen zwei jungen Türken nach Aussage des Textes scheinbar nicht durch freie Partnerwahl zustande. Eine entscheidende Rolle spielt die Schwiegermutter, die auf Brautschau in die Türkei fährt und die ‚Importbraut' (Z. 39) als käufliche Ware betrachtet (Z. 25 f.: „Haben wir etwas Falsches gekauft?"), wie in einem modernen Sklavenhandel.

Einbezug allgemeiner **Kulturkenntnisse**

Umwandlung der Textaussagen zu Thesen

Metapher „kaufen"

Der Wert der Schwiegertochter liegt in ihrer Gebärfähigkeit „In der Familie kam Panik auf", als Shaziye nicht unmittelbar nach der Hochzeitsnacht schwanger wurde (Z. 24 f.). Von ihr wird erwartet, dass sie noch keine sexuellen Erfahrungen vor der Ehe gemacht hat, wie „das blutige Laken" (Z. 19), das als Nachweis ihres ersten, legitimen Beischlafs mit dem Ehemann in der Hochzeitsnacht öffentlich gemacht wird, beweisen soll.

Symbol für sexuelle Unschuld

Die Eheschließung zwischen Migrantensöhnen aus Deutschland und Frauen aus dem ursprünglichen Heimatland Türkei wird arrangiert. Für die Ehepartner selbst spielen daher Kriterien der freien Partnerwahl, wie z. B. körperliche Anziehungskraft, Zuneigung und Liebe, keine Rolle. Fürsorge oder das Bedürfnis nach Schutz der Privatsphäre können sich ergeben, wie zwischen Shaziye und ihrem Ehemann in der ersten Phase des Kennenlernens. Gemeinsame Interessen, Bildungshintergründe, selbst eine gemeinsame Sprache oder Erfahrungen werden nicht als Band zwischen den Eheleuten angesehen. Nach meiner Kenntnis beherrschen Migrantenkinder in der zweiten und dritten Generation aus ‚einfachen' Familien (Z. 46) erfahrungsgemäß häufig weder Deutsch als Zweitsprache, noch sind sie in Türkisch als Muttersprache sicher. Frauen, die erst als Ehefrauen nach Deutschland kommen, sprechen ausschließlich Türkisch, häufig in einer elementaren Weise, wie sie in ländlichen Gegenden Mädchen vermittelt wird (z. T. auch ohne Schulbesuch).

Generalisierende Deutung und allgemeine Kulturkenntnisse

Auch das gesellschaftliche Leben einer türkischen „Import-Braut" in Deutschland ist in mehrfacher Hinsicht durch Pflichten eingegrenzt:

Pflicht 2:

Gesellschaftliche Kontakte

(1) Ihr Leben „spielt sich im Haus ab" (Z. 65). Besuche außerhalb des Hauses finden in Begleitung der Schwiegermutter statt (Z. 55 f.). Die Ehefrau geht keinem Beruf nach. Sie versorgt Mann, Kinder und Besucher aus der Großfamilie. Dieses Verhalten ist geprägt von traditionellen Rollenvorstellungen der Frau als unselbstständiger Ehefrau, deren Lebensmittelpunkt die Familie darstellt.

Aufnahme von Themenaspekten **aus dem Cluster**

(2) Shaziye ist freundschaftlich verbunden mit „anderen Bräute[n]" (Z. 55), mit denen sie „am Wochenende etwas gemeinsam" unternimmt (Z. 57). Diese Frauen helfen ihr, „in der neuen Umgebung anzukommen" (Z. 4 f.). In ihrer eigenen ethnischen Gruppe pflegt sie also Kontakte zu gleichalt-

rigen Frauen mit ähnlichem Migrationshintergrund. „Die älteren Frauen“ (Z. 5) bilden zumindest gelegentlich ebenso eine geschlossene Gesellschaft für sich wie die Männer (vgl. Z. 57 ff.).
(3) Die Eheleute sind als Mitglieder der Großfamilie niemals „allein“ (Z. 62). Gemeinsame Freizeitunternehmungen (Z. 59 ff.) scheitern daran, dass ständig Besucher aus der weiteren Familie anwesend sind (Z. 52 f., 62 f.) und die Männer ihre Freizeit eher mit ihren „Kollegen“ verbringen oder ihren Hobbies nachgehen (Z. 57 ff.).
(4) In ihrer Familie bestimmen andere Frauen über Shaziye: ihre Schwiegermutter wacht über Außenkontakte (Z. 55 f.) und Geldausgaben (Z. 16 f.), die Schwester ihres Mannes mischt sich in das Intimleben des jungen Paares ein (Z. 20 ff.). Die eingeheiratete Frau nimmt also in der matriarchalischen Struktur der Familie des Mannes eine untergeordnete Stellung ein.
(5) Zu Deutschen hat Shaziye keinen Kontakt, mit Ausnahme „einer Nachbarin“ (Z. 33). Ihr fehlen Deutschkenntnisse für Gespräche (Z. 39 f.) und die Möglichkeit, sich frei und allein außerhalb der familiären Umgebung bewegen und so soziale Kontakte mit anderen Deutschen knüpfen zu können.
(6) Shaziyes „Bild von den Deutschen“ (Z. 28) ist nur oberflächlich ausgebildet. Sie weiß, dass sie „einen anderen Glauben haben“ (Z. 30 f.) und kennt ein paar stereotypische Eigenschaften vieler Deutscher wie Pünktlichkeit und Entschlossenheit (Z. 31) sowie die Gewohnheit, einen Besuch anzumelden (Z. 34). Mangelnde Sprachkenntnisse und fehlendes Interesse halten sie davon ab, sich mit der Kultur ihres Gastlandes vertraut zu machen und an ihr teilzunehmen.

Generalisierende Deutung

Insgesamt lebt Shaziye als Nachbarin im Wohnviertel wie im weiteren gesellschaftlichen Umfeld in kultureller Isolation. In der Großfamilie ihres türkischen Ehemanns nimmt sie eine traditionell unterprivilegierte Stellung ein: ohne Recht auf freie Wahl des Partners, auf gesellschaftliche Kontakte, auf Bildung oder Berufsausübung. Diese Einschränkungen in ihrem gesellschaftlichen Leben, das sie als „langweilig“ empfindet (Z. 65), versucht sie als „strenggläubige Muslimin“ (Z. 64) durch die Hinwendung zur Religion zu kompensieren, etwa indem sie ihr tägliches Leben auf „das Jenseits“ (Z. 66) ausrichtet.

3. *Für die Lösung der Aufgabe 3 kannst du inhaltlich auf verschiedene Bereiche aus deinem **Kontextwissen** zurückgreifen:*
- *die aktuelle öffentliche Diskussion in Presse und Fernsehen,*
- *deine Kenntnisse der multikulturellen deutschen Gesellschaft sowie*
- *verschiedene dir bekannte Modelle des Zusammenlebens inländischer und ausländischer Bevölkerungsgruppen, etwa in deinem eigenen Wohnort.*

Die Texte zu diesem Arbeitsauftrag können in deiner Lerngruppe sehr unterschiedlich ausfallen, je nachdem, welche Kenntnisse und eigenen Erfahrungen du bzw. deine Mitschüler/innen mitbringen.

*Achte in deinem **Kommentar** auf einen klaren **Textaufbau**: Sachverhalt, der umstritten ist; These mit Begründung(en), Antithese mit Begründung(en), evtl. Beispiele; Schlussfolgerung mit Fazit.*

Sachverhalt **These** **Begründung**

Für die interviewten türkischen Frauen ist die Vorstellung, sich in die deutsche Gesellschaft zu integrieren, nicht erstrebenswert. Sie begründen ihre Ablehnung damit, dass sie ihre kulturellen und religiösen Traditionen auch ohne Kontakt zu Deutschen ausüben können und kein Interesse daran haben, andere Kulturen kennen zu lernen.

Überleitung zur eigenen Meinung: Erläuterung der aktuellen politischen Diskussion

Nach meiner Kenntnis von Einwanderungsgruppen in Deutschland sprechen sich diese türkischen Frauen für ein Modell des Miteinanders in Deutschland aus, das in der Presse unter der Bezeichnung „Parallel-Gesellschaften" bekannt geworden ist. Danach leben in Deutschland unterschiedliche Gesellschaften – deutsche wie migrantische Bevölkerungsgruppen – ohne Berührungspunkte nebeneinander und weisen deutliche Unterschiede in ihrer Lebensführung auf.

Eröffnung der eigenen Stellungnahme

Aus meiner Sicht spricht einiges für, aber noch mehr gegen diese Einstellung türkischer Frauen, eine Integration in die deutsche Gesellschaft, die sich an den Grundzügen der westlichen Kultur orientiert, zu verweigern.

Pro-Argumentation Begründungen

Einerseits kann ich gut nachvollziehen, wenn türkische Frauen, die nicht im deutschen Schulsystem groß geworden sind und daher die deutsche Sprache nicht oder nur unzureichend beherrschen, in ihrer Sprachgemeinschaft bleiben und keine Kontakte zur deutschsprachigen Nachbarschaft suchen. Ich verstehe auch, dass sie Sorge haben, ihre eigenen kulturellen Wurzeln zu verlieren, wenn sie die kulturellen Gepflogenheiten der westlichen Welt übernehmen. Diese betreffen z. B. die Kleidung. Viele muslimische Frauen fühlen sich den traditionellen Konventionen ihrer Religion verpflichtet. Den-

Beispiel

noch geht es für westlich aufgeschlossene Muslima mit Kopftuch häufig darum, trotz ihres für die westliche Gesellschaft fremden Erscheinungsbildes im öffentlichen Leben akzeptiert zu werden. Sie wollen sich nicht bewusst ausgrenzen, sondern sich ihre eigene kulturelle Identität in der multikulturellen Gesellschaft bewahren.

Contra-Argumentation

Begründungen

Beispiele

Andererseits hielte ich eine bewusste Ausgrenzung aus der deutschen Gesellschaft für einen echten Verlust an Zusammenhalt innerhalb der türkischen Gemeinschaft. Muslimische Frauen, die sich nur ihrem eigenen Kulturkreis verpflichtet fühlen, werden weder mit ihren Männern noch mit ihren Kindern Erfahrungen des alltäglichen Lebens in Deutschland teilen können. Für türkische Männer, die in der zweiten oder dritten Generation in Deutschland leben, und für ihre Kinder gibt es viele Kontakte am Arbeitsplatz oder in der Schule. Sie lernen zahlreiche in Deutschland übliche Wertvorstellungen und Verhaltensweisen kennen, wie zum Beispiel die Gleichbehandlung von weiblichen und männlichen Kollegen, von Schülerinnen und Schülern, Terminabsprachen, Pünktlichkeit, Deutsch als Verkehrssprache, Freizeitgestaltung, Kleider-, Frisurenstil und Musikrichtungen nach westlichem Vorbild, Nutzung elektronischer Medien etc., und orientieren sich zum Teil daran.

Schlussfolgerung

Fazit

Lösungsvorschlag

Insgesamt betrachtet, teile ich nicht die Meinung mancher Politiker unseres Landes, wonach Einwanderer ohne Wenn und Aber unsere christlich-abendländischen Wurzeln tolerieren müssen. Sie haben ebenso das Recht, ihre eigene Kultur weiter zu pflegen, und bereichern ja dadurch auch das kulturelle Leben des Gastlandes. Aber auch eine Integrationsunwilligkeit, wie sie die zitierten türkischen „Import-Bräute“ zum Ausdruck bringen, kann ich nicht gutheißen. Mir würde eher ein offenes Modell der Integration für das gesellschaftliche Miteinander unterschiedlicher Bevölkerungsgruppen gut gefallen. Migranten nehmen an der deutschen Kultur in wichtigen Bereichen des gesellschaftlichen Lebens teil (z. B. Schule, Ausbildung, Beruf, Freizeit, Veranstaltungen im Stadtteil, politische Rechte und Pflichten in Gemeinde und Land). Gleichzeitig pflegen sie die Traditionen ihres Ursprungslandes wie Religion, Feste, Essen und Trinken oder Kleiderordnung und vermitteln diese Traditionen auch anderen Mitbürgern.

Rafik Schami: Andere Sitten

In Damaskus fühlt sich jeder Gastgeber beleidigt, wenn seine Gäste etwas zu essen mitbringen. Und kein Araber käme auf die Idee, selber zu kochen oder zu backen, wenn er bei jemandem eingeladen ist. Die Deutschen sind anders. Wenn man sie einlädt, bringen sie stets etwas mit: Eingekochtes vielleicht oder Eingelegtes, manchmal auch selbstgebackenen Kuchen und in der Regel Nudelsalat. Warum Nudelsalat, mit Erbsen und Würstchen und Mayonnaise? Auch nach zweiundzwanzig Jahren in Deutschland finde ich ihn noch schrecklich.

In Damaskus hungert ein Gast am Tag der Einladung, weil er weiß, daß ihm eine Prüfung bevorsteht. Er kann nicht bloß einfach behaupten, daß er das Essen gut findet, er muß es beweisen, daß heißt eine Unmenge davon verdrücken. Das grenzt oft an Körperverletzung, denn keine Ausrede hilft. Gegen die Argumente schüchterner, satter oder auch magenkranker Gäste halten Araber immer entwaffnende, in Reime gefaßte Erpressungen bereit.

Deutsche einzuladen ist angenehm. Sie kommen pünktlich, essen wenig und fragen neugierig nach dem Rezept. Ein guter arabischer Koch kann aber gar nicht die Entstehung eines Gerichts, das er gezaubert hat, knapp und verständlich beschreiben. Er fängt bei seiner Großmutter an und endet bei lauter Gewürzen, die kein Mensch kennt, weil sie nur in seinem Dorf wachsen und ihr Name für keinen Botaniker ins Deutsche zu übersetzen ist. Die Kochzeit folgt Gewohnheiten aus dem Mittelalter, als man noch keine Armbanduhr hatte und die Stunden genüßlich vergeudete. Ein unscheinbarer Brei braucht nicht selten zwei Tage Vorbereitung, und das unbeeindruckt von aller modernen Hektik.

Deutsche Gäste kommen nicht nur pünktlich, sie sind auch präzise in ihren Angaben. Wenn sie sagen, sie kommen zu fünft, dann kommen sie zu fünft. Und sollten sie wirklich einmal einen sechsten Gast mitbringen wollen, telefonieren sie vorher stundenlang mit dem Gastgeber, entschuldigen sich dafür und loben dabei die zusätzliche Person als einen Engel der guten Laune und des gediegenen Geschmacks.

So großartig Araber als Gastgeber sind, als Gäste sind sie dagegen furchtbar. Sie sagen, sie kommen zu dritt um zwölf Uhr zum Mittagessen. Um sieben Uhr abends treffen sie ein. Und vor Begeisterung über die Einladung bringen sie Nachbarn, Cousins, Tanten und Schwiegersöhne mit. Aber das bleibt ihr Geheimnis, bis sie vor der Tür stehen. Sie wollen dem Gastgeber doch eine besondere Überraschung bereiten. Einmal zählten wir in Damaskus eine Prozession von 29 Menschen vor unserer Tür, als meine Mutter ihre Schwester eingeladen hatte, um mit ihr nach dem Essen in Ruhe zu reden.

Ein leichtfertiges arabisches Sprichwort sagt: Wer vierzig Tage mit Leuten zusammenlebt, wird einer von ihnen. Seit über zweiundzwanzig Jahren lebe ich inzwischen mit den Deutschen zusammen, und ich erkenne Veränderungen an mir. Aber die Mitbringsel der Gäste? Wein kann ich inzwischen annehmen, aber Nudelsalat – niemals.

In: Rafik Schami, Gesammelte Olivenkerne. Aus dem Tagebuch der Fremde. Hanser Verlag, München, 1997, S. 133–135 (446 Wörter)

Anmerkungen

Rafik Schami wurde 1946 in Damaskus, der Hauptstadt von Syrien, geboren, in einer Familie der christlich-aramäischen Minderheit. Als politisch Verfolgter wanderte er 1971 nach Deutschland aus. Er schloss dort sein Chemie-Studium 1979 mit der Promotion ab. Heute lebt und arbeitet er in Baden-Württemberg und Rheinland-Pfalz als freier Schriftsteller. Die einzelnen Texte in *Gesammelte Olivenkerne* veröffentlichte er ursprünglich ab 1994 wöchentlich als Kolumne auf der letzten Seite in der Schweizer *Wochenzeitschrift* (*WoZ*).

Arbeitsaufträge

1. Erarbeite, wie sich nach Rafik Schami Araber als Gastgeber und Deutsche als Gäste verstehen. Stelle einzelne Aspekte, in denen sich diese Selbstbildnisse beider Nationalitäten unterscheiden, vergleichend in einer Tabelle zusammen.
2. Welche unterschiedlichen „Sitten“ lassen sich auf der Grundlage deiner Tabelle in Nr. 1 für die beiden Nationalitäten erkennen? Ermittele allgemeine kulturelle Normen, die für Araber in anderer Weise als für Deutsche zu gelten scheinen.
3. Schami hat eine besondere Art, über Araber und Deutsche zu sprechen. Gib Beispiele für seine Personenbezeichnungen und deute die Absicht des Verfassers. Kommentiere abschließend kurz seine Sicht von Arabern bzw. Deutschen.
4. „Höflichkeit“ ist die Art und Weise, wie man sich in gesellschaftlichen Situationen anderen gegenüber verhält, ohne sie (auch ungewollt) zu „beleidigen“ (vgl. Z. 1). Wie würdest du „Höflichkeit“ für interkulturelle Beziehungen, wie sie Schami anspricht, konkret definieren, sodass beide Kulturen zu ihrem Recht kommen?

Lösungsvorschlag

1. *Zur Lösung von Aufgabe 1 wäre dies ein möglicher Weg:*
   - *Du markierst zunächst* ***Schlüsselbegriffe*** *im Text, die auf verschiedene Verhaltensweisen des Arabers als Gastgeber bzw. des Deutschen als Gast hinweisen. Wähle hierbei zwei unterschiedliche Farben.*
   - *Falls sich keine eindeutigen Begriffe im Text finden lassen, formulierst du selbst geeignete Begriffe auf dem Rand.*
   - *Du überträgst dann die im Text markierten und auf dem Rand festgehaltenen Schlüsselwörter in eine Grafik, z. B. in eine dreispaltige* ***Tabelle****:*
     - *in der mittleren Spalte die Vergleichsaspekte,*
     - *in der linken bzw. rechten Spalte jeweils die Angaben für Araber bzw. Deutsche.*

Araber als Gastgeber	**Vergleichsaspekte**	**Deutsche** als Gäste
viel Zeit (tagelang) hohe Kosten	**Vorbereitung**	Entlastung des Gastgebers durch Gastgeschenk („Nudelsalat“, „Wein“)
traditionelle Küche, kreativ, nicht schriftlich vermittelbar oder nachahmbar	**Rezepte**	Interesse am Rezept, um Gericht nachzukochen
beliebig hoch	**Anzahl der Gäste**	verabredete Zahl
zeitliche offene Verabredung, Verzögerung z. T. um mehrere Stunden	**Verhältnis zur Zeit**	pünktliches Erscheinen
übermäßiger Appetit als Lob des Gastgebers	**Verzehr**	Zurückhaltung beim Essen

2. *Bei der Lösung von Aufgabe 2 versuchst du herauszufinden, welche* ***allgemeinen Erwartungen*** *oder* ***Einstellungen*** *sich hinter den einzelnen konkreten Verhaltensweisen von Arabern und Deutschen verbergen (vgl. Tabelle in Nr. 1); zum Beispiel, was es heißt, wenn Araber als Gastgeber viel Zeit und Mühe aufwenden, Deutsche dagegen ihrem Gastgeber gerade diese Zeit und Mühe ersparen wollen.*

Zu diesem Zweck
- *wählst du ein, zwei Aspekte aus, die dir besonders als Unterschiede zwischen Deutschen und Arabern aufgefallen sind,*
- *erarbeitest du aus diesen selbst gewählten Aspekten grundlegende Unterschiede im kulturellen Selbstverständnis beider Nationalitäten, also die jeweils „Andere[n] Sitten",*
- *stellst diese in einem kurzen Text dar,*
- *und achtest bei deinem Vergleich auf Kontrastsignale wie z. B. "dagegen", "im Vergleich zu...".*

Wenn du grundlegende Unterschiede zwischen beiden Gruppen herausarbeitest, kannst du auch deine allgemeinen ***Kenntnisse*** *über beide Kulturen hinzuziehen, z. B. dass in arabischen Ländern die (Groß-)Familie, die Gruppenzugehörigkeit viel zählt, während in westlichen Ländern eher das Individuum die höhere soziale Norm darstellt.*

Rafik Schami kann als deutschsprachiger Autor mit arabischem Migrationshintergrund auf mehr als 30 Jahre interkultureller Erfahrungen in Deutschland zurückblicken.

Entstehungskontext

Nach seiner Auskunft gelten für Araber und Deutsche in gesellschaftlichen Situationen – wie hier den privaten Einladungen zum Essen – unterschiedliche „Sitten", die auf grundlegend andere kulturelle Normen der beiden Volksgruppen zurückzuführen sind.

Thema

Für Araber als Gastgeber ist es selbstverständlich, dass sie bei der Vorbereitung eines Gastmahls viel Zeit und Mühe aufwenden und keine Kosten sparen, um ihren Gästen einen angenehmen Empfang zu bereiten. Das gemeinsame Essen, der kulinarische Genuss steht im Mittelpunkt des geselligen Zusammentreffens.

Ermittlung unterschiedlicher „Sitten" ...

... mit Bezug auf „Vorbereitung" und „Verzehr" eines Gastmahls

Deutsche dagegen empfinden es als ihre Aufgabe, den Gastgeber von Kosten und Mühen zu entlasten, indem sie ihm als Gegenleistung für die Einladung ein Gastgeschenk mitbringen, das für den Verzehr bestimmt ist: „Wenn man sie einlädt, bringen sie stets etwas mit" (Z. 3 f.). Dazu gehört auch, dass sie nicht übermäßig viel von den angebotenen Speisen essen oder den Konsum niedrig halten, indem sie nur mit der verabredeten Anzahl an Gästen erscheinen. Statt, wie von arabischer Seite erwartet, reichlich zu verzehren, fragen sie den Gastgeber nach dem Rezept für sein Essen und bekunden somit, dass sie das Gastmahl genossen haben (Z. 15).

Araber und Deutsche haben auch unterschiedliche Einstellungen zur Zeit. Für gesellige Anlässe setzen Araber keinen engen zeitlichen Rahmen, weder für ihre Vorbereitung noch für das tatsächliche Zusammensein. Sie leben in einem geruhsameren Tagesrhythmus. Die in Deutschland üblichen Gepflogenheiten wie Pünktlichkeit kennen sie nicht. Im Vergleich zu ihnen werden Deutsche hier als Muster an Zuverlässigkeit beschrieben. Sie kommen pünktlich zu Einladungen und gehen frühzeitig wieder. Es scheint, als würden sie Einladungen in einen dichten Terminkalender einfügen, wie einen zusätzlichen Programmpunkt, den sie neben anderen Verpflichtungen in ihrem oft hektischen Wochenplan noch wahrnehmen wollen oder müssen.

... mit Bezug auf das „Verhältnis zur Zeit" und die „Anzahl der Gäste"

Araber als Gäste wie Gastgeber betrachten das gemeinsame Essen als gesellschaftliches Erlebnis, das sich erst in größerer Gesellschaft richtig entfaltet. Deshalb ist ihnen selbst „eine Prozession von 29 Menschen vor [ihrer] Tür" (Z. 34 f.) willkommen. Deutsche wiederum sind stets auf die Einhaltung gesellschaftlicher Normen bedacht. So informieren sie ihren Gastgeber rechtzeitig darüber, wenn sie noch zusätzliche Gäste mitbringen möchten und bitten ihn dafür um seine Erlaubnis (Z. 24–28).

Fazit

Ermittlung unterschiedlicher kultureller Normen, unter Nutzung allgemeiner **Kulturkenntnisse**

Insgesamt betrachtet, lassen Araber und Deutsche kulturell bedingte Unterschiede erkennen. Während für Araber das Teilen und Genießen und die Großzügigkeit im Vordergrund stehen, sind Deutsche eher auf die Einhaltung gesellschaftlicher Normen bedacht. Der Nudelsalat „mit Erbsen und Würstchen und Mayonnaise" (Z. 5 f.) wird zum Symbol eines Regelzwangs, der einzig auf die Einhaltung gesellschaftlicher Gepflogenheiten achtet und nicht das Individuelle, Persönliche des Gastgebers berücksichtigt. Araber scheinen generell beweglicher, flexibler, auch ungezwungener im Umgang mit anderen zu sein. Deutsche geben sich besser organisiert und häufig auch formeller in Gesellschaft.

Vielleicht ist es der Gegensatz zwischen Lebensgenuss und Leistungsdenken, auf dem die kulturelle Andersartigkeit zwischen Arabern und Deutschen beruht. In arabischen Kulturen stellt die Gruppe die soziale Norm dar. In westlichen Gesellschaften wie der deutschen wird meist das Individuum höher gewichtet.

3. *Zur Lösung von Aufgabe 3 kannst du* ***textanalytisch*** *folgendermaßen vorgehen:*
   - *Du stellst die Personenbezeichnungen des Verfassers in Gruppen zusammen, etwa:*
     - *„Araber", „Deutsche",*
     - *„Gastgeber", „Gäste",*
     - *„Nachbarn, Cousins, Tanten und Schwiegersöhne" etc.*
   - *Du achtest auch auf die begleitenden Wörter vor den Substantiven, etwa:*
     - *den bestimmten Artikel „die",*
     - *den unbestimmten Artikel „ein",*
     - *Zahlwörter wie „jeder" und „kein".*
   - *Du eröffnest deinen Text mit dem Analyseaspekt und deiner Deutungshypothese und untersuchst die oben genannten sprachlichen Mittel in deiner Beweisführung.*
   - *Wenn du die* ***Autorenintention*** *erarbeitest, überlegst du auch, ob du die Aussagen Schamis über Deutsche bzw. Araber zutreffend findest, z. B. seinen Hinweis auf „die Mitbringsel der [deutschen] Gäste" (Z. 40) wie „Nudelsalat, mit Erbsen und Würstchen und Mayonnaise" (Z. 6), eine „Prozession" von Gästen (Z. 34) auf arabischer Seite*
   - *Wenn du die Absicht des Verfassers abschließend kurz* ***beurteilst****, solltest du seinen durchgehenden Humor nicht übersehen.*

Einführung des **Analyseaspekts** mit **Deutungshypothese**

Der Verfasser bezieht sich mit seinen Personenbezeichnungen durchgehend auf Araber bzw. auf Deutsche als Nationalitäten, auf Gruppen, nicht auf einzelne Personen bis auf eine namentliche Nennung seiner Mutter und deren Schwester (Z. 35). Die unterschiedlichen Verhaltensweisen, die er für beide Gruppen beschreibt, sollen also für alle Menschen dieser Völker gelten.

Dass seine Beobachtungen ohne Ausnahme für alle Araber bzw. Deutsche zutreffen sollen, wird besonders klar, wenn er Zahlwörter wie „jeder (Gastgeber)" (Z. 1) oder „kein (Araber)" (Z. 2) hinzufügt. Hiermit gibt er zu verstehen, dass ‚jeder Einzelne' bzw. ‚nicht ein Einziger' von dem typischen Nationalverhalten abweicht. Mit dem bestimmten Artikel „die (Deutschen)" (Z. 3; ähnlich Z. 39) und dem unbestimmten Artikel „ein (Gast)" (Z. 8; ähnlich Z. 15) spricht Schami wiederum die Gesamtheit des jeweiligen Volkes an. Der „als"-Anschluss (Z. 29: „als Gastgeber", „als Gäste") bedeutet unverändert gleiches Verhalten in der jeweiligen Rollenzuweisung.

Aus diesem Sprachgebrauch lässt sich bereits ablesen, dass Schami zur Übertreibung neigt. Er entwickelt für jedes der beiden Völker Stereotype: die Araber als großzügige, gesellige Gastgeber, aber auch als „furchtbar[e]" Gäste (Z. 29); die Deutschen als pünktliche, interessierte, aber auch als zurückhaltende, terminbewusste Gäste.

Ermittlung der **Absicht des Verfassers**

Aber dem Autor liegt jede Art von Klischeebildung und herber Kritik fern. Eher überzeichnet er bestimmte ethnische bzw. nationale Eigenschaften, um mit Humor für ein interkulturelles Verständnis zu werben. Darum hat er sich selbst seit über 20 Jahren bemüht (Z. 38). Vor allem nimmt er auch seine eigenen Landsleute ironisch in den Blick, wenn er deren Vorliebe, in großen Gruppen aufzutreten, in belustigenden Bildern inszeniert (Z. 32: „Nachbarn, Cousins, Tanten und Schwiegersöhne"; Z. 34 f.: „eine Prozession von 29 Menschen vor unserer Tür").

Beurteilung der Autorenintention

4. *Zur Lösung von Aufgabe 4 kannst du „Höflichkeit" definieren, indem*
   - *du eine **These** aufstellst, wie du dir Höflichkeit generell in einer multikulturellen Gesellschaft vorstellst,*
   - *diese These an den konkreten **Beispielen** in Schamis Text überprüfst und dabei deine eigene Vorstellung von einem gelungenen Dialog zwischen Arabern und Deutschen entwickelst*
   - *und in deinem **Fazit** auch auf Rafik Schamis eigene Lösung eingehst (vgl. den letzten Abschnitt).*

Araber und Deutsche könnten sich weitgehend konfliktfrei in gesellschaftlichen Situationen begegnen, wenn beide ethnischen Gruppen die jeweiligen Erwartungen der anderen Nationalität kennenlernen, etwa durch gemeinsame Gespräche oder Selbstinformation, und die dahinter stehenden kulturellen Normen als gleichwertig respektieren.

Eröffnung mit einer **Grundthese**

Für die konkreten Einladungssituationen in einem arabischen Haus, von denen Schami berichtet, könnte dies bedeuten, dass Deutsche und Araber die Erwartungen des anderen erfüllen, ohne dabei gegen die dominanten kulturellen Normen der jeweiligen Gesellschaft zu verstoßen.

Entwicklung einer **eigenen Vorstellung** von gelungener Integration

Deutsche könnten etwa die Großzügigkeit des arabischen Gastgebers honorieren, indem sie mit Wort (Lob, nicht Erfragen eines Kochrezepts) und Tat (d. h. gesundem Appetit) die reichliche und schmackhafte Bewirtung würdigen. Arabische

Beispiele

Gastgeber könnten im Gegenzug Rücksicht auf die in der deutschen Gesellschaft vorherrschende zeitliche Strukturierung des Tages nehmen und nicht nur mit der Pünktlichkeit ihrer deutschen Gäste rechnen und alle Vorbereitungen abgeschlossen haben, sondern auch selbst bereit sein, bei einer Gegeneinladung pünktlich zu kommen und weitere Gäste vorher anzukündigen.

Fazit:
Einschätzung des Integrationsmodells des Verfassers

Toleranz für „andere Sitten" in Deutschland aufzubringen, ohne sein Selbstbild als Araber aufzugeben – dies ist das Integrationsmodell, das Rafik Schami für sich nach „über zweiundzwanzig Jahren" (Z. 38) des Zusammenlebens mit Deutschen verwirklicht hat und mit humorvoller Ironie am Ende so formuliert: „Wein kann ich inzwischen annehmen, aber Nudelsalat – niemals" (Z. 40 f.).

1955 – Gastarbeiter kommen nach NRW

Mit dem aufkommenden Wirtschaftswunder und der zunehmenden Nachfrage nach deutschen Produkten weltweit wurden Arbeitskräfte knapp. Ab Ende der 50er Jahre herrschte in Deutschland sogar nahezu eine Vollbeschäftigung. Die große Anzahl an Arbeitern, die aus der Reihe der Flüchtlinge aus den ehemaligen Ostgebieten und der DDR stammten, konnte den Bedarf im Laufe der 50er Jahre nicht mehr decken. Um der Arbeitskräfteverknappung entgegen zu wirken, wurden zunächst auch Kräfte aus der Landwirtschaft für die Industrie herangezogen.

Auf eine Initiative des baden-württembergischen Bauernverbandes wurden italienische Landarbeiter als Arbeitskräftereserve nach Deutschland gebeten. Auf die ersten regionalen Anwerbeverfahren und privaten Vermittlungen folgten verschiedene Anwerbeabkommen der Bundesregierung mit mehreren Mittelmeerstaaten, wonach Arbeitskräfte zeitlich begrenzt in Deutschland arbeiten sollten, so:

1955 mit Italien,
1960 mit Spanien und Griechenland,
1961 mit der Türkei,
1963 mit Marokko,
1964 mit Portugal,
1965 mit Tunesien,
1968 mit Jugoslawien.

Die ausländischen Arbeitskräfte, die zwischen 1955 und 1973 von deutschen Unternehmen und verschiedenen Initiativen im Ausland angeworben wurden, wurden als Gastarbeiter bezeichnet. Dieser Ausdruck verfestigte sich schnell im deutschen Sprachgebrauch. Insgesamt nahm NRW etwa ein Drittel der angeworbenen Ausländer auf, im Vergleich dazu kamen 21 % nach Baden-Württemberg. Auch in NRW selber war die regionale Verteilung sehr unterschiedlich. Zumeist waren die Gastarbeiter als Hilfsarbeiter im verarbeitenden Gewerbe, im Baugewerbe oder im Dienstleistungssektor tätig. Im Bergbau waren zwar mit 3,7 % 1961 nur relativ wenige beschäftigt, jedoch 1981 war jeder zweite Bergarbeiter bei der Ruhrkohle AG ein Ausländer.

Entwicklung der Anzahl der Gastarbeiter in Deutschland von 1962–1973

Orte mit hohem Ausländeranteil 1980	
Städte	Prozentangaben
Köln	14,5
Düsseldorf	13,7
Duisburg	13,0
Hagen	10,6

Der eine Millionste Gastarbeiter, der Portugiese Amando Sá Rodrigues, kam am 10. September 1964. Er wurde auf dem Kölner Bahnhof begrüßt und bekam von der Bundesvereinigung der deutschen Arbeitgeber ein Moped, eine „Zündapp Sport Combiette" und einen Blumenstrauß geschenkt.

Als sich Anfang der 70er Jahre eine Rezession mit drohender Arbeitslosigkeit abzeichnete, verfügte die Bundesregierung am 23. 11. 1973 über einen Anwerbestopp, der noch heute gültig ist. Seither können Drittstaaten i. a. nicht mehr zur Arbeitsaufnahme nach Deutschland einreisen. Seit Ende der 50er Jahre bis in die 70er Jahre kehrten 14 Mio. Gastarbeiter (ca. 80 %) wieder in ihr Heimatland zurück. Von den Italienern verließ ein Großteil wieder Deutschland; anders bei der türkischen Bevölkerung, trotz Rückkehrprämien blieben sie überwiegend in der Bundesrepublik und ließen ihre Familien nachkommen. […]

INA SCHAEFER

In: www.nrw2000.de/nrw/gastarbeiter.htm Copyright De-Media.de 2002, letzte Aktualisierung 10. 3. 2003 (376 Wörter)

Grafik entnommen aus: Ausländer in Deutschland. Daten und Fakten von A-Z. (Themen-Service des Instituts der deutschen Wirtschaft Köln, Dossier 19), Köln 2000

Arbeitsaufträge

1. Untersuche anhand des Textes, wie der Begriff „Gastarbeiter" entstanden ist. Schreibe einen kurzen Informationstext und orientiere dich dabei an der zeitlichen Entwicklung von 1955 bis heute.
2. Das Leben der Gastarbeiter in NRW hatte nicht nur eine wirtschaftliche, sondern auch ein soziale Seite. Erschließe die gesellschaftliche Stellung von Gastarbeitern aus dem Text. Wähle als Beispiel unter Bezug auf den Text eine Nationalität aus, die du aus dem Unterricht oder deinem privaten Umfeld besonders gut kennst, und beziehe entsprechende Kulturkenntnisse mit ein.
3. Der schweizerische Schriftsteller Max Frisch brachte in den frühen 1980er-Jahren das Gastarbeiterproblem in der Schweiz auf den Punkt: „Man hat Arbeitskräfte gerufen, und es sind Menschen gekommen". Erläutere Frischs Position in ihrem historischen Kontext. Beurteile abschließend aus deiner Sicht, wie sich die gesellschaftlichen Verhältnisse für die zweite und dritte Generation ehemaliger Gastarbeiter heute in Deutschland geändert haben.

Lösungsvorschlag

1. *Für deinen **Informationstext** in der Aufgabe 1 können dir die folgenden Tipps für die **Textmarkierung** und **-visualisierung** helfen:*
   - *Du **markierst** vorbereitend die wesentlichen Textstellen, die sich auf*
     - *Jahreszahlen,*
     - *Fakten und*
     - *Zusammenhänge*

     für die beiden Migrationsbewegungen von Gastarbeitern (nach Deutschland und zurück ins Ursprungsland) beziehen.
   - *Du wählst für die Textmarkierung an grafischen Mitteln die folgenden:*
     - *zwei unterschiedliche Farben für die beiden Migrationsrichtungen,*
     - *grafische Formen (z. B. Ellipsen) für die einzelnen Sachinformationen und*
     - *Verbindungslinien für die ursächlichen Zusammenhänge zwischen ihnen.*
   - *Du nimmst als Strukturierungshilfe für deinen knappen Informationstext eine **Zeitlinie**: von den frühen 1950er-Jahren über den Wendepunkt im Jahr 1973 bis zur heutigen Zeit.*

Die Verfasserin liefert aus heutiger Sicht grundlegende Sachinformationen zum historischen Phänomen der Gastarbeiter und stellt diese, in jeweils aktualisierter Fassung, als schnelle Informationsquelle für Internetbenutzer ins Netz.

Generelle Einbettung des Textes in seinen Publikationskontext

Nach dieser Quelle sind Gastarbeiter „ausländische[ ] Arbeitskräfte, die zwischen 1955 und 1973 von deutschen Unternehmern und verschiedenen Initiativen im Ausland angeworben wurden“ (Z. 22). Ihr Aufenthalt in Deutschland war auf einen bestimmten Zeitraum festgelegt („zeitlich begrenzt“, Z. 12). Einreisende Arbeiter kamen aus Südeuropa, der Türkei und Nordafrika (vgl. Z. 14 ff.). Einzelne industrielle Großstädte in NRW wurden regelrecht zu Hochburgen für ausländische Mitbewohner (vgl. die Tabelle auf S. 103).

Grundlegende Definition mit dem Verb ‚sein‘

Migration in zeitlichem Überblick

Infolge des enormen wirtschaftlichen Aufschwungs im Nachkriegsdeutschland war vor allem in industriereichen Bundesländern wie Nordrhein-Westfalen oder Baden-Württemberg die Nachfrage nach ausländischen Arbeitern gestiegen (vgl. Z. 1: „Wirtschaftswunder“). Einheimische Mitarbeiter und zusätzliche Arbeitskräfte wie Landarbeiter und „Flüchtlinge aus den ehemaligen Ostgebieten und der DDR“ (Z. 5) konnten den wachsenden Bedarf nicht decken. Es herrschte „nahezu eine Vollbeschäftigung“ (Z. 3).

Wirtschaftliche Zusammenhänge

Als die wirtschaftliche Entwicklung Ende der 60er-Jahre zu stagnieren begann und „Arbeitslosigkeit“ (Z. 36) drohte, ließ die Nachfrage an ausländischen Mitarbeitern nach, bis 1973 ein „Anwerbestopp“ (Z. 36 f.) von der Bundesregierung ausgesprochen wurde, der bis heute Gültigkeit hat. Während viele Südeuropäer in ihre Heimatländer zurückkehrten, ließen sich türkische Gastarbeiter meist dauerhaft in Deutschland nieder.

Fortführung der Zeitlinie bis in die Gegenwart

Rückläufige Migration

2. *Zur Lösung der* ***textanalytischen*** *Aufgabe 2 kannst du diesen* ***methodischen Weg*** *verfolgen:*
   - *Es bietet sich an, dass du deinen eigenen Text durch eine gezielte* ***Markierung*** *des Ausgangstextes sowie Randnotizen vorbereitest.*
   - *Du gehst auf jene* ***Textstellen*** *ein, die – meist indirekt – über die sozialen Bedingungen Auskunft geben, unter denen Gastarbeiter in Deutschland leben mussten: angefangen von ihrem bereits im Ursprungsland verankerten sozial niedrigen Stand über ihre Situation am deutschen Arbeitsplatz bis zur rückläufigen Migration nach dem Anwerbestopp 1973.*
   - *Du beziehst auch Informationen mit ein, die dir die grafischen Elemente des Textes anbieten: das Säulendiagramm (S. 101) und das Foto (S. 102).*
   - *Du wählst eine im Text erwähnte Nationalität als Beispiel aus, um ein individuelles Migrationsschicksal zu erläutern. Bringe nach Möglichkeit auch deine* ***Kenntnisse*** *(aus dem Unterricht und deiner eigenen Erfahrung) mit ein.*
   - *Du baust deinen Interpretationstext nach dem gewohnten Schreibplan auf: Einführung des Untersuchungsaspekts mit allgemeiner Deutung; Untersuchung von Textstellen als Nachweis deiner Deutungshypothese; Fazit.*

Gastarbeiter in Deutschland trugen maßgeblich zum wirtschaftlichen Aufschwung nach dem 2. Weltkrieg bei (vgl. das Foto zum Text: die öffentliche Auszeichnung des „eine Millionsten Gastarbeiters“ im Jahr 1964; die Säulentabelle mit der steigenden Anzahl der Gastarbeiter bis 1973, S. 103 f.). Gemessen an ihrer wirtschaftlichen Bedeutung, hatten sie jedoch keine entsprechende soziale Stellung. Dies lässt sich am Beispiel der italienischen Gastarbeiter erläutern.

Erläuterung der Textinformationen unter Nutzung allgemeiner Kenntnisse

Italiener kamen nach Deutschland als „Landarbeiter“ (Z. 9) aus Süditalien und Sizilien, d. h. den traditionell armen Agrargebieten Italiens mit geringen Verdienstmöglichkeiten und ungesichertem sozialen Status. Sie wurden als ungelernte Arbeiter „im verarbeitenden Gewerbe, im Baugewerbe und im Dienstleistungssektor“ (Z. 27 ff.) sowie im „Bergbau“ (Z. 28) eingesetzt. Als „Hilfsarbeiter“ (Z. 27) waren sie finanziell einheimischen Mitarbeitern selbst mit einfacher Ausbildung nicht gleichgestellt. Aufgrund ihrer mangelnden beruflichen Qualifikationen und ihrer geringen oder mangelnden Deutschkenntnisse hatten sie in ihren Betrieben auch kein vergleichbares gesellschaftliches Ansehen. Mit einem geringeren Einkommen, das sie zum Teil an ihre Familien im Heimatland schickten, waren sie auch in der Wahl ihrer Unterkunft und in ihrer Kaufkraft eingeschränkt. Mit der wachsenden Zuwanderung ungelernter Arbeitskräfte wichen einheimische Beschäftigte in besser bezahlte, körperlich weniger anstrengende Berufszweige aus, wie der hohe Anteil an Ausländern im Bergbau im Jahre 1981 (Z. 29 f.) zeigt, sodass in vielen Betrieben eine Art Zweiklassen-Belegschaft entstand.

ungelernte Arbeitskräfte

geringer Verdienst

geringes gesellschaftliches Ansehen

Offensichtlich hatte „ein Großteil“ (Z. 43) an italienischen Gastarbeitern sich dafür entschieden, ihren Aufenthalt in Deutschland als reine Verdienstmöglichkeit anzusehen, ganz im Sinne der zeitlich begrenzten Anwerbepolitik der Bundesregierung. Es ist bekannt, dass Gastarbeiter, wenn sie vor Ablauf von 15 Jahren ins Ausland zurückgingen, ihre Rentenansprüche verloren bzw. andere sich vor ihrer Rückkehr ihre Rentenansprüche auszahlen ließen. Diejenigen italienischen Gastarbeiter, die über die offizielle Anwerbezeit hinaus in Deutschland blieben, waren als „Hilfsarbeiter“ unter den ersten, die von der „drohende[n] Arbeitslosigkeit“ (Z. 36) zu Beginn der 1970er-Jahre betroffen waren. Im Bereich der Gastronomie hingegen fanden Italiener aufgrund der in Deutschland nach und nach immer beliebter werdenden Mittelmeerküche einen stabileren Wirtschaftszweig.

Aufenthaltsdauer und soziale Konsequenzen

Insgesamt aber hatten die Familien der ersten Gastarbeitergeneration um ihre gesellschaftliche Integration zu kämpfen (etwa in Wohnvierteln oder in der Schule).

Fazit

3. *Zur Lösung von Aufgabe 3*
   - ***erklärst** du in einem ersten Schritt kurz Max Frischs Position,*
   - *gibst du in einem zweiten Schritt einige konkrete **Beispiele** für seine Position, indem du deine **Kenntnisse** der Ausländerpolitik Deutschlands bis in die 1980er-Jahre nutzt (z. B. Vernachlässigung der Integration ehemaliger Gastarbeiter),*
   - *und **beurteilst** du in einem dritten Schritt das Problem der Integration der 2. und 3. Generation ehemaliger Gastarbeiter aus deiner heutigen Sicht (ebenfalls auf der Grundlage entsprechender **Kulturkenntnisse**, z. B. Sprachbeherrschung, Schulabschlüsse, Schüleraustausch, Städtepartnerschaften). Wähle auch hier eine Nationalität, die du am besten kennst.*

Erläuterung der Position Frischs

Max Frisch bezieht sich mit seiner Aussage auf die wirtschaftlichen Gründe für die Anwerbung von Gastarbeitern und die sozialen Folgen dieser Politik.

1. wirtschaftliche Gründe

In den fünfziger Jahren wurde in der Schweiz wie auch in Deutschland aus rein ökonomischen Gründen mit der Anwerbung von Gastarbeitern begonnen (vgl. Frisch: „Man hat Arbeitskräfte gerufen, ..."). Italien war 1955 das erste Land, mit dem Anwerbungsverträge abgeschlossen wurden. In Arbeitsverträgen mit ausländischen Arbeitern verzichtete man auf eine Festlegung der Länge ihrer Aufenthaltsdauer. Doch

2. soziale Konsequenzen

in den sechziger Jahren deutete sich schon an, dass die meisten Gastarbeiter länger bleiben würden. Verheiratete Gastarbeiter ließen ihre Frauen nachkommen und gründeten Familien. Aus Gastarbeitern wurden sehr schnell Einwanderer. Für viele war das Gastland zur Heimat geworden.

Konkrete soziale Problembereiche der ersten Gastarbeitergeneration

Doch die langfristigen sozialen Konsequenzen wurden von der Politik bis in die 1980er-Jahre kaum beachtet oder zu optimistisch eingeschätzt, etwa die Frage der Einbürgerung und der Bürgerrechte, die Gleichstellung im Berufsleben, die Anerkennung in der Gesellschaft sowie die Chancengleichheit von Gastarbeiterkindern in der Schulbildung. Dieser Vor-

Frischs indirekte **Beurteilung** der Ausländerpolitik

wurf, Gastarbeiter als Bürger vernachlässigt zu haben, scheint hinter Max Frischs Worten zu stehen (vgl. „ ... und Menschen sind gekommen"): Dass hinter der Masse der Gastarbeiter menschliche Einzelschicksale stehen, die man nicht wie Maschinen ökonomisch berechnen kann, hat man lange nicht bedacht oder bedenken wollen. Das Gastland nahm zunächst seine Fürsorgepflicht als „Gastgeber" nicht ernst genug.

Mit der zweiten und dritten Generation ehemaliger Gastarbeiter sind Integrationsschwierigkeiten nach meiner Erfahrung geringer geworden, allerdings für europäischstämmige Einwanderer eher als für muslimische. Gründe für die weitgehende Akzeptanz von z. B. Italienern in der deutschen Gesellschaft sind etwa deren überwiegend sichere Kenntnisse in Deutsch als Zweitsprache, Mischehen zwischen Deutschen und Italienern, die von beiden Staaten vorangetriebene europäische Einigung, die 1993 zur Gründung der Europäischen Union (EU) führte, die zunehmende Beliebtheit Italiens als Urlaubsland der Deutschen, die Aufnahme von Italienisch als Unterrichtsfach in weiterführenden Schulen seit Mitte der 1970er-Jahre, die Organisation von Schüleraustauschprogrammen und die Vereinbarung von Städtepartnerschaften.

Persönliche Einschätzung aus heutiger Sicht

Insgesamt haben sich Integrationsprobleme für Italiener aufgrund einer historisch gewachsenen und deutlich stärker ausgeprägten kulturellen Nähe zwischen Deutschland und Italien schneller beheben lassen als beispielsweise für Einwanderer aus muslimischen Gesellschaften.

Fazit

Verdopplung bis 2015?

In der EU leben derzeit mehr als 20 Millionen Moslems – Tendenz steigend

VON STEFANIE BOLZEN

Einem im vergangenen Jahr vorgelegten Bericht der International Helsinki Federation (IHF) zufolge leben in den 25 EU-Staaten mit ihren fast 460 Millionen Einwohnern derzeit mehr als 20 Millionen Moslems. Angaben der IHF zufolge könnte sich diese Zahl bis zum Jahr 2015 verdoppeln, wenn diese vergleichsweise junge Bevölkerungsgruppe – ein Drittel der Moslems beispielsweise in Deutschland ist jünger als 18 Jahre – mehrheitlich ins gebärfähige Alter kommt.

Die demographische Entwicklung der moslemischen Bevölkerung in Europa und Migrationsströme aus der islamischen Welt in die EU sind auf Grund fehlender statistischer Daten allerdings schwer erfaßbar. Grundsätzlich erhebt kein Land einen Zensus nach Religionszugehörigkeit, sondern immer nach Herkunft oder Nationalität.

Dazu kommt, daß sich vorhandene Zahlen kaum vergleichen lassen. Zum einen erheben die EU-Staaten unterschiedlich oft Daten. Zum anderen hat die von den Nationalstaaten sehr unterschiedlich geführte Einbürgerungspolitik zur Folge, daß etwa in Ländern wie Deutschland die Naturalisierungsquote weit unter der des Nachbarlands Frankreich liegt. So wird beispielsweise der offizielle Ausländeranteil in Frankreich mit rund sieben Prozent angegeben. Doch stammen 13,5 Prozent der Franzosen aus dem Ausland, 20 Prozent haben zumindest einen aus dem Ausland stammenden Eltern- oder Großelternteil.

Migrationsforschern zufolge liegt die Geburtenrate unter Einwanderern generell etwas über der der einheimischen Bevölkerung. Doch paßt sich die Fertilitätsrate im Generationenverlauf meist dem Durchschnitt des neuen Heimatlands an. Die Geburtenrate der nach Frankreich eingewanderten Frauen beispielsweise liegt nach Angaben des Institut national d'études démographique um etwa ein Viertel höher als die der französischen Frauen. Allerdings schlägt sie aufgrund der geringen Zahl der zugewanderten Frauen in der Gesamtstatistik nur mit 0,05 Prozent zu Buche.

Während französische Behörden den Anteil der Moslems bei der Einwanderung durchschnittlich mit einem Drittel beziffern und dieser konstant zu bleiben scheint, ist der Zuzug aus mehrheitlich islamischen Ländern in anderen EU-Staaten zurückgegangen.

So lag in Spanien 1996 die Zahl der Einwanderer aus mehrheitlich islamischen Ländern, vor allem aus Marokko, im Vergleich zu der Zahl lateinamerikanischer Migranten etwa im selben Bereich. Im vergangenen Jahr übertraf die Zahl der Latinos die Zahl der mehrheitlich moslemischen Einwanderer bereits um das Dreifache.

In: DIE WELT, 28. Februar 2006, S. 3

Anmerkungen
14 *demographisch* die Bevölkerungsentwicklung betreffend **20** *Zensus* Volkszählung **31** *Naturalisierung* Einbürgerung eines Ausländers in einen Staat **45** *Fertilität* Fruchtbarkeit; Fähigkeit Nachkommen hervorzubringen **70** *Latino* (ugs.) lateinamerikanischer Migrant

Arbeitsaufträge

1. Welche Leseerwartungen werden durch Überschrift und Untertitel in dir geweckt?
2. Die Journalistin geht in den einzelnen Abschnitten des Fließtextes genauer auf das Thema, das in den Überschriften angesprochen wird, ein. Stelle dar, wie der Artikel inhaltlich aufgebaut ist. Berücksichtige dabei auch auffällige sprachliche Mittel, die die Journalistin in ihrer Darstellung benutzt, wie wertende und einschränkende Ausdrücke.
3. Der Zeitungsartikel wurde zusammen mit diesen Kreisdiagrammen veröffentlicht:

Moslems in ausgewählten EU-Ländern

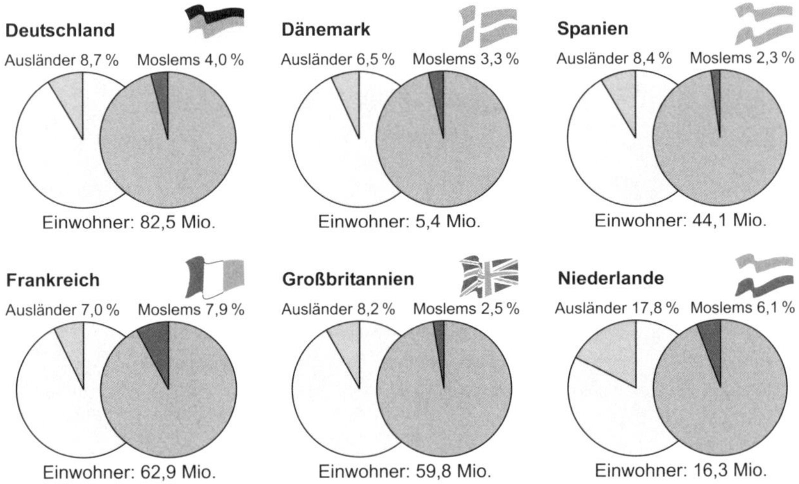

Prüfe, welcher Zusammenhang zwischen der Grafik und dem Zeitungstext besteht. Schreibe dann einen kurzen Text, in dem du zunächst die Informationen der Grafik zusammenfasst und abschließend kritisch beurteilst, ob die gewählte Grafik geeignet ist, den Wortlaut des Textes zu unterstützen. Du kannst Deutschland als Schwerpunkt wählen und dich im Ländervergleich auf ein weiteres EU-Land beschränken.

Lösungsvorschlag

1. *Zur Lösung von Aufgabe 1 kannst du deine Kenntnisse von* ***Zeitungsüberschriften*** *einbringen, etwa:*
   - *Überschriften enthalten ein Themawort, das zum Lesen verlockt.*
   - *Fragezeichen kündigen häufig einen problemhaltigen Text an.*
   - *Untertitel lenken den Blick präziser auf den Sachgehalt des Fließtextes.*

Lesererwartungen

Die Überschrift enthält eine Vermutung zu einem Sachverhalt, der im Untertitel präzisiert wird: zur demografischen Entwicklung moslemischer Einwanderer in der EU. Die vermutete Hochrechnung („Verdopplung bis 2015?") klingt interessant, fast wie der Titel einer utopischen Vision, und kündigt sich gleichzeitig durch die Verwendung des Fragezeichens als problemhaltig an. Der Untertitel lenkt die Erwartungen der Leser weiter in diese Richtung: dass nämlich bei „steigender Tendenz" der Zahlen für moslemische Mitbürger wohl von einer „Verdopplung bis 2015" auszugehen ist.

Unterscheidung zwischen Sachverhalt und Vermutung / Meinung

2. *Für den* ***Analyseauftrag*** *in Aufgabe 2 kannst du dein* ***methodisches Wissen*** *in vielfacher Hinsicht anwenden:*

   Für eine gezielte Erschließung dieses Sachtextes nutzt du
   - ***thematische Schlüsselwörter*** *(hier: „Zensus", „Einbürgerungspolitik", „Geburtenrate" etc.), die das Hauptthema (hier: „demografische Entwicklung der moslemischen Bevölkerung in Europa") Abschnitt für Abschnitt weiter entwickeln;*
   - ***Textstrukturwörter****, die einen thematischen Zusammenhang im Text herstellen (hier: „Grundsätzlich", „Dazu kommt", „Zum einen" etc.; und*
   - *die Unterscheidung zwischen* ***Sachverhalt*** *(hier: „demografische Entwicklung ..."),* ***Informationsquelle*** *(hier: „International Helsinki Federation") und* ***Meinungen*** *(hier: der Informationsquelle: „Verdopplung bis 2015" gegenüber der skeptischen Einschätzung der Journalistin)*

   Dabei berücksichtigst du auch dein ***Sprachwissen****:*
   - *die* ***stilistischen Mittel****, die die Journalistin für ihre* ***Meinung*** *zur Migrantenentwicklung verwendet, etwa:*
     - *das Fragezeichen im Titel,*
     - *wertende Ausdrücke, wie „sind ... schwer erfaßbar", „sich ... kaum vergleichen lassen",*
     - *auch in Kombination mit kontrastiven oder einschränkenden Signalen, wie „allerdings", „meist", „nur", „kaum".*

In ihrem Artikel baut die Journalistin Schritt für Schritt die durch Titel und Untertitel geweckten Leseerwartungen wieder ab. Sie relativiert die Wahrscheinlichkeit, dass es zu einer „Verdopplung bis 2015" kommen könnte.

Zusammenhang zwischen Überschrift / Untertitel und Artikel

Die Verfasserin beruft sich zunächst bei der Hochrechnung für die „demographische Entwicklung der moslemischen Bevölkerung in Europa und Migrationsströme aus der islamischen Welt in die EU" (Z. 14–17) auf den Bericht der „International Helsinki Federation" (Z. 2 f.) aus dem Jahr 2005. Der Bericht geht davon aus, dass eine „Verdopplung bis 2015" möglich ist, also von zurzeit 20 Millionen auf 40 Millionen Moslems in der EU. Als Begründung wird in der Quelle angeführt, dass bis dahin ein hoher Prozentsatz (in Deutschland ein Drittel) der moslemischen Einwanderer „mehrheitlich ins gebärfähige Alter kommt" (Z. 12 f.).

Nennen des **Sachverhalts**

Die Verfasserin prüft diese Einschätzung auf der Grundlage verschiedener empirischer Daten. Nach ihrer Prüfung stellt sich für sie die Prognose zur Migrantenentwicklung in Europa zumindest als zweifelhaft dar, wie sie von Anfang an durch das Fragezeichen im Titel zu verstehen gibt: Die demografische Entwicklung dieser Einwanderergruppe ist ihrer Meinung nach aufgrund fehlender statistischer Daten „allerdings schwer erfaßbar" (Z. 19). Bestimmte aufschlussreiche Daten ließen sich „kaum vergleichen" (Z. 25), oder Angaben für moslemische Gruppen schlügen „nur" (Z. 55) geringfügig als Abweichung von der einheimischen Bevölkerung „zu Buche" (Z. 56).

Ermitteln
– der **Meinung** der Verfasserin

Im Einzelnen führt die Journalistin aus ihrer relativierenden Sicht der Migrantenentwicklung vier überprüfbare Daten an, die im Überblick wie folgt dargestellt werden können:

– der empirisch überprüfbaren **Daten**

nummerische Darstellung

1) fehlende statistische Daten im Zensus verschiedener EU-Einreiseländer, die nur Nationalität und Herkunft, aber keine Religionszugehörigkeit erfassen
2) geringe Vergleichbarkeit der Daten aufgrund unterschiedlicher Häufigkeit der Erhebungen und unterschiedlichen Angaben für den offiziellen Ausländeranteil
3) gleiche oder geringfügig höhere Geburtenrate, da sich die Fertilitätsrate eingewanderter Frauen meist dem Durchschnitt des neuen Heimatlandes anpasst und eine höhere Geburtenrate wegen der geringen Zahl der zugewanderten Frauen kaum ins Gewicht fällt

4) konstanter oder sinkender Anteil der Moslems an EU-Einwanderern gegenüber Latinos (in Frankreich 1 : 1, in Spanien 1 : 3)

3. *In Aufgabe 3 bearbeitest du den* ***grafischen*** *Teil dieses* ***diskontinuierlichen Textes****. Hier geht es zunächst einmal darum, dass du die nicht-sprachlichen Informationen in den einzelnen Diagrammen „liest" und in Sprache überträgst. Du kannst dir dabei die folgenden Fragen stellen:*
   - *Was sagen die relativen Zahlen (in %-Angaben) über die multikulturelle Zusammensetzung der einzelnen EU-Länder aus? [****elementare Lesart****]*
   - *Welche Aussagen lassen sich aus den absoluten Zahlen (die %-Angaben umgerechnet auf die Einwohnerzahl) für die einzelnen EU-Staaten gewinnen? [****problematisierende Lesart****]*

   Vor allem aus der letzten Lesart kannst du einen Zusammenhang zwischen den Diagrammen und dem Zeitungstext ablesen.

   Im Ländervergleich mit Deutschland bietet sich ein Land mit deutlich niedrigeren Einwohnerzahlen an (z. B. Holland oder Dänemark). Denn dort fallen Ausländeranteile gegenüber der einheimischen Bevölkerung stärker ins Gewicht und stellen das Land vor deutliche Schwierigkeiten in der Integrationspolitik.

   Um die Intention der Journalistin bzw. der Zeitungsredaktion zu erarbeiten, gehst du der Frage nach, inwiefern die statistischen Angaben in den Kreisdiagrammen die Informationen bzw. Meinungen im Zeitungsartikel stützen.

Elementare Lesart der Diagramme

Die relativen Zahlen in den Diagrammen lassen sich schnell verstehen: In allen sechs EU-Ländern haben nicht-einheimische Bevölkerungsgruppen einen nur geringen Anteil an der jeweiligen Gesamtbevölkerung, was sich an den schmalen Segmenten in den einzelnen Kreisdiagrammen gut ablesen lässt.

Problematisierende Lesart

Die absoluten Zahlen für ausländische und moslemische Bewohner lesen sich dagegen ganz anders. Die Niederlande zum Beispiel haben als eines der einwohnerschwächeren Länder einen auffallend hohen Anteil an diesen beiden Bevölkerungsgruppen. Von insgesamt 16,3 Mio. Einwohnern sind etwa 3 Mio. Ausländer und etwa 1 Mio. Moslems. Bei einem bevölkerungsreichen Land wie Deutschland stellen sich die Zahlen hingegen ganz anders dar: Hier kommen ca. 7 Mio. Ausländer bzw. ca. 3 Mio. Moslems auf eine Gesamtbevölkerung von 82,5 Mio.; sie fallen als nicht deutschstämmige Gruppen nicht so sehr ins Gewicht. Anders gesagt: Deutschland hat im Vergleich deutlich mehr Einwohner als die Niederlande, deshalb ist der Anteil der Ausländer (8,7 % in D gegenüber 17,8 % in NL) bzw. Moslems (4,0 % in D gegenüber 6,1 % in NL) in Deutschland wesentlich geringer als im Nachbarland.

Auswertung

Gesellschaftliche Konsequenzen

In den Niederlanden sind die Anteile von unterschiedlichen religiösen sowie nationalen und nicht-nationalen Bevölkerungsgruppen prozentual höher als in Deutschland. Dadurch scheint auch die Integrationspolitik dieses Landes problematischer zu sein. Einheimische Niederländer könnten zum Beispiel ihre Gesellschaft eher als überfremdet empfinden. Und niederländische Politiker könnten ein konfliktfreies Zusammenleben aller Einwohner des Landes als größere Herausforderung ansehen als in anderen EU-Ländern.

Zusammenhang zwischen Diagrammen und Zeitungstext

Betrachtet man nur die Prozentzahlen in den Kreisdiagrammen (also die relativen Zahlen), dann stützt die Grafik den Standpunkt der Journalistin: dass nämlich eine „Verdoppelung" der muslimischen Bevölkerungsanteile „bis 2015", selbst wenn sie möglich wäre, in den sechs EU-Ländern kaum ins Gewicht fallen würde.

Errechnet man jedoch die absoluten Zahlen, die für den Leser auf den ersten Blick nicht erkennbar sind, ergibt sich ein problematischeres Bild. Es ist richtig, wenn die Journalistin insgesamt eine besorgniserregende Zunahme der Ausländeranteile in der EU relativiert. Die absoluten Zahlen lassen aber erkennen, dass besonders in einwohnerschwächeren Ländern wie den Niederlanden (und Dänemark) nicht-einheimische Bevölkerungsgruppen einen zahlenmäßig starken Anteil an der ethnischen Zusammensetzung der Gesellschaft haben. Im EU-Ländervergleich scheint sich für bevölkerungsschwächere Staaten die Frage dringlicher zu stellen, was getan werden muss, um ein harmonisches multikulturelles Zusammenleben aller Bevölkerungsgruppen zu ermöglichen.

Kritische Einschätzung der Intention der Verfasserin

Mit dieser letzten Lesart der Kreisdiagramme ergibt sich für den Leser die Frage, was die Journalistin bezweckt, wenn sie ihrem Artikel ein Diagramm zuordnet, das auf den ersten Blick ihre relativierende Sicht der demografischen Entwicklung in der EU stützt. Will sie einer möglichen Stimmung gegen Ausländer, insbesondere Muslime, in Deutschland und anderen EU-Staaten entgegenwirken? Will sie – bei „steigen-

Vermutete Intention in Frageform

der Tendenz“ (s. Untertitel) der Zahlen für Muslime in der EU – ein Gegenargument in die öffentliche Debatte einbringen, das dem Gefühl der Überfremdung entgegenwirkt? Ihr Artikel regt Leser/innen auf jeden Fall dazu an, sich mit dieser Problematik zu beschäftigen und sich eine eigene Meinung zu bilden.

Bildnachweis

S. 23: ullstein bild (Leber)
S. 38: Bildarchiv Preußischer Kulturbesitz (Albert Schwartz)
S. 44: www.joka-foto-video.de (J. Kaddatz)
S. 60: ullstein bild (Eckel)
S. 68: ullstein bild (dpa)
S. 79: www.madonnamaedchenpower.de (MaDonna Mädchenkult.Ur e. V.)
S. 104: ullstein bild (UPI)

Ihre Meinung ist uns wichtig!

Ihre Anregungen sind uns immer willkommen. Bitte informieren Sie uns mit diesem Schein über Ihre Verbesserungsvorschläge!

Titel-Nr.	Seite	Vorschlag

Bitte hier abtrennen

Zutreffendes bitte ankreuzen!

Die Absenderin/der Absender ist:

- ☐ Lehrer/in in den Klassenstufen: ____
- ☐ Fachbetreuer/in
  Fächer: ____
- ☐ Seminarlehrer/in
  Fächer: ____
- ☐ Regierungsfachberater/in
  Fächer: ____
- ☐ Oberstufenbetreuer/in
- ☐ Schulleiter/in
- ☐ Referendar/in, Termin 2. Staatsexamen: ____
- ☐ Leiter/in Lehrerbibliothek
- ☐ Leiter/in Schülerbibliothek
- ☐ Sekretariat
- ☐ Eltern
- ☐ Schüler/in, Klasse: ____
- ☐ Sonstiges: ____

Unterrichtsfächer: (Bei Lehrkräften!)

____

STARK Verlag
Postfach 1852
85318 Freising

Bitte ausfüllen und im frankierten Umschlag an uns einsenden. Für Fensterkuverts geeignet.

16-VD5

Kennen Sie Ihre Kundennummer?
Bitte hier eintragen.

Absender (Bitte in Druckbuchstaben!)

Name/Vorname ____

Straße/Nr. ____

PLZ/Ort ____

Telefon privat ____ **Geburtsjahr** ____

E-Mail-Adresse ____

Schule/Schulstempel (Bitte immer angeben!)

Sicher durch das Abitur!

Klare Fakten, systematische Methoden, prägnante Beispiele sowie Übungsaufgaben mit schülergerechten, kommentierten Lösungen zur Selbstkontrolle.

Mathematik

Analysis – LK	Best.-Nr. 94002
Analysis – gk	Best.-Nr. 94001
Analytische Geometrie und lineare Algebra 1	Best.-Nr. 94005
Analytische Geometrie und lineare Algebra 2	Best.-Nr. 54008
Stochastik – LK	Best.-Nr. 94003
Stochastik – gk	Best.-Nr. 94007
Kompakt-Wissen Abitur Analysis	Best.-Nr. 900151
Kompakt-Wissen Abitur Analytische Geometrie	Best.-Nr. 900251
Kompakt-Wissen Abitur Wahrscheinlichkeitsrechnung und Statistik	Best.-Nr. 900351

Deutsch

Training Methoden Deutsch	Best.-Nr. 944062
Dramen analysieren und interpretieren	Best.-Nr. 944092
Erörtern und Sachtexte analysieren	Best.-Nr. 944094
Gedichte analysieren und interpretieren	Best.-Nr. 944091
Epische Texte analysieren und interpretieren	Best.-Nr. 944093
Abitur-Wissen Erörtern und Sachtexte analysieren	Best.-Nr. 944064
Abitur-Wissen Textinterpretation Lyrik, Drama, Epik	Best.-Nr. 944061
Abitur-Wissen Deutsche Literaturgeschichte	Best.-Nr. 94405
Abitur-Wissen Prüfungswissen Oberstufe	Best.-Nr. 94400
Kompakt-Wissen Rechtschreibung	Best.-Nr. 944065
Lexikon Autoren und Werke	Best.-Nr. 944081

Latein

Abitur-Wissen Lateinische Literaturgeschichte	Best.-Nr. 94602
Wiederholung Grammatik	Best.-Nr. 94601
Wortkunde	Best.-Nr. 94603
Kompakt-Wissen Kurzgrammatik	Best.-Nr. 906011

Englisch

Übersetzungsübung	Best.-Nr. 82454
Grammatikübung	Best.-Nr. 82452
Themenwortschatz	Best.-Nr. 82451
Grundlagen der Textarbeit	Best.-Nr. 94464
Sprachmittlung	Best.-Nr. 94469
Textaufgaben Literarische Texte und Sachtexte	Best.-Nr. 94468
Grundfertigkeiten des Schreibens	Best.-Nr. 94466
Sprechfertigkeit mit CD	Best.-Nr. 94467
Abitur-Wissen Landeskunde Großbritannien	Best.-Nr. 94461
Abitur-Wissen Landeskunde USA	Best.-Nr. 94463
Abitur-Wissen Literaturgeschichte	Best.-Nr. 94465
Kompakt-Wissen Kurzgrammatik	Best.-Nr. 90461
Kompakt-Wissen Abitur Themenwortschatz	Best.-Nr. 90462

Französisch

Landeskunde Frankreich	Best.-Nr. 94501
Themenwortschatz	Best.-Nr. 94503
Literatur	Best.-Nr. 94502
Abitur-Wissen Literaturgeschichte	Best.-Nr. 94506
Kompakt-Wissen Kurzgrammatik	Best.-Nr. 945011
Kompakt-Wissen Abitur Themenwortschatz	Best.-Nr. 945010

Fachübergreifend

Tipps und Lernstrategien – Oberstufe	Best.-Nr. 10483
Referate und Facharbeiten – Oberstufe	Best.-Nr. 10484
Training Methoden Meinungen äußern, Ergebnisse präsentieren	Best.-Nr. 10486

Interpretationshilfen zu Schwerpunktthemen in Deutsch und Englisch

Die optimale Vorbereitung auf das Abitur in NRW: Interpretationshilfen zu Schwerpunktthemen in Deutsch und Englisch. Mit Informationen zu Autor und Werk, ausführlicher Inhaltsangabe sowie einer systematischen Interpretation des Textes.

Fontane: *Irrungen, Wirrungen*	Best.-Nr. 2400401
Lessing: *Emilia Galotti*	Best.-Nr. 2400191
Schlink: *Der Vorleser*	Best.-Nr. 2400101
Atwood: *The Handmaid's Tale*	Best.-Nr. 2500181
Bradbury: *Fahrenheit 451*	Best.-Nr. 2500141
Shakespeare: *Macbeth*	Best.-Nr. 2500011

(Bitte blättern Sie um)